凱特王／像我這樣的女人，有時優雅，偶爾帶刺／365日絕世女子時光誌

7-12月

CONTENTS

July

七月

做事與做人

在職場待了二十幾年了，偶然回想，彷彿昨日。倒不是在感嘆時光飛逝，而是感慨自己有時候還是掌握不好做人的訣竅，深感那些人際關係的瑣碎與無奈。

相信多數人初入職場，身上或多或少還帶著從校園過度而來的青澀，稚嫩中隱約透著清高，自然會很討厭那些靠「向上管理」上位的同事。與其說討厭，不如說嫉妒。嫉妒內含幾種情緒，包括輕視、憤慨以及怨恨。我們覺得老闆好傻，為何看不出來這種人沒什麼本事，只會逢迎拍馬，也會自己在心中默默覺得：「我只是不想做、不願做、不屑做。」

但真的是自己不想做、不願做、不屑做嗎？我覺得不是，焦慮大部分的主因應該是——因為自己真的做不到。

進入社會之後，我經常有這種內心特別彆扭的時刻，一方面嫉妒羨慕那些長袖善舞之人，一方面又不屑與之為伍。後來透過觀察職場形形色色，與更多優秀人才接觸後，才漸漸理出一套應付這種心態的邏輯與方式。

我發現，在一間公司裡，老闆需要真正會做事的人，也需要圍繞在他身邊的鶯鶯燕燕。對老闆來說，鶯鶯燕燕做得巧妙，做得討喜，其實自己並不排斥，甚至在許多社交場合中多半還要仰仗這些人。他們可以讓場子熱鬧，氣氛活躍，卻又不耽誤談正事。而真正會做事的人就更不用說了，他們會一直是公司重視的人。隨著工作經驗與環境不斷向外拓展，我更發現這個世界不乏會做事又會做人的那種菁英。會做事不代表就生性木訥寡言，會做人也不代表就必須虛偽逢迎。

如果你現在也糾結著「究竟是做事重要還是做人重要？」我想跟你分享，我很慶幸自己在年輕時就想清楚這件事，即「你是適合專注於專業的人，還是經營關係的人」？

人的精力很有限，擅長的領域也不同，初入職場時我最糾結、最彆扭的地方是——我知道自己敏感害羞，比較擅長也比較喜歡單打獨鬥，能夠心無旁鶩的鑽研專業，但另一方面的好勝心卻又讓我不甘寂寞，嫉妒那些八面玲瓏靠關係獲得好處的人。我心底有一個剛萌芽的慾望，是期待自己也能經營好人際關係。

這樣的糾結與彆扭是很大的內耗，小劇場不停上演會讓精神很累。它磨損了我的心性和專注力，讓我有一段時間挺痛苦的，這樣的痛苦導致我懷疑自己，責怪自己，結果就是既沒有真正把專業發揮，又拿捏不好對上對下的關係。

後來我決定清醒了，承認自己真的不是八面玲瓏那塊料之後，我做出了取捨。也就是我再不管、也不讓老闆身邊的紅人困擾我，我決定設定自己的目標，一步步進行。不過這麼做並不意味著我徹底放棄了經營人際關係，而是下修標準，做到自己能做的即可。

堅定了一種選擇之後，一切會變得豁然開朗。我不再盲目羨慕他人，而且能夠更專注於自己在工作上的表現。我不再患得患失，而是懂得任何一種選擇都有代價。那些花了很多心力在經營各種關係的人，他們一定也背負著我看不見的代價。不管選擇什麼方式在職場生存，絕對沒有人是容易的。在這裡會有很多不為人知的黑暗時刻，但也正是這些失意與挫折會徹底磨煉一個人的心性，使人成長。我已經跨越那種羨慕嫉妒恨的扭曲心態，願意承認向上管理也是某種人的特殊技能。如同我自己的專業，在他人眼中也是無法輕易被取代的部份。

總之，想在職場有口碑，做事與做人至少有一方必須能與人匹敵。所以，年輕的你，與其內耗擾亂心志，不如問問自己，你更適合走哪條路？好好經營。

JUL

1

——1961年7月1日，黛安娜王妃（Princess Diana）出生於英國

每每提到黛安娜，很多人都會覺得她是王室婚姻的受害者，並藉此帶入自己的情感困頓，罵渣男小三出氣。這是最典型也最基礎看待黛安娜的角度，也是最沒有啟發的一個角度。

黛安娜的人生軌跡值得年輕女孩抽絲剝繭，細細查看。雖然只有短短的三十六年，但她已經把一個女人從青澀到蛻變，整個歷程中最精采的戲碼演一遍給你看了。告訴我們，女人的一生不必用得到男人的愛來證明自己。

2

JUL

世界總是以我們意想不到的方式實現著某種公平，沒有誰是被遺忘的。蒼天饒過誰？我想正是這樣的道理。

JUL

3

有時候我們喜歡一個人，是因為他代表了我們對自己人生的某種嚮往。這樣的投射讓我們有期待有盼望，更有益於健康。

4

JUL

等待是必要的。有些結果，盡了全力之後只能等待，就算它永遠不來，你也能從等待中逐漸釋懷，重新開始。

JUL

5

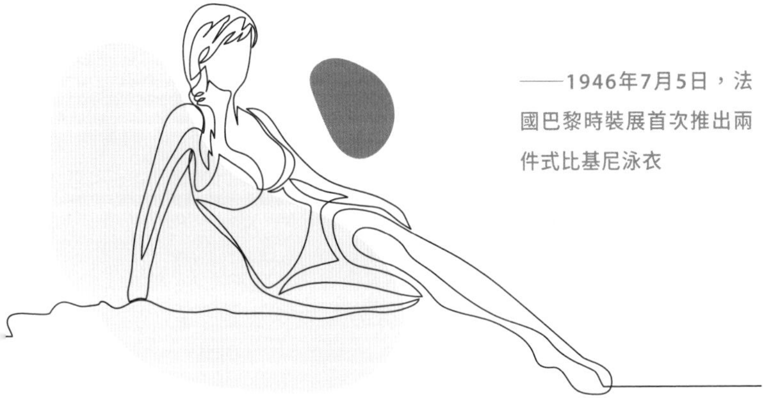

——1946年7月5日，法國巴黎時裝展首次推出兩件式比基尼泳衣

1946年7月5日，法國機械工程師路易士·雷德（Louis Réard）推出了被他命名為「比基尼Bikini」的設計，名字源自因核彈試爆而廣為人知的太平洋比基尼環礁。意味著比基尼是時尚界的原子彈，希望帶來爆炸性的商業收益與文化反應。

這個設計在當時確實驚人，但並沒有多少人肯嘗試，而第一位穿著比基尼出現在大眾視線的是一位叫做蜜雪兒的脫衣舞娘。比基尼甚至被很多國家視為禁忌、魔鬼，直到五〇、六〇年代，隨著更多影視女明星穿著比基尼出現在螢幕上，才漸漸被大眾接受。

所以，明星帶貨可靠嗎？從比基尼發展史來看，可以說是相當可靠呀！

6 JUL

──1907年7月6日，女畫家芙烈達·卡羅（Frida Kahlo）出生於墨西哥

Irene_A / Shutterstock.com

芙烈達畢生的畫作，有超過一半都是自畫像。畫像中的她經常用堅定的眼神凝視前方，但身體卻支離破碎色彩斑斕，恰如她這一生的命運。畢卡索曾致信給她那位有名的丈夫墨西哥壁畫大師迪亞哥，說道：「你和我都畫不出這樣的自畫像。」

芙烈達的作品帶有強烈的自我凝視感，透過繪畫，把自己內心所想表達出來。我經常覺得這就是她的作品之所以撼動人的主因──你無法拒絕一個對你掏出真心的人，她逼你面對自己。

在世時，芙烈達從不覺得自己與女性主義有任何關係，僅僅是做她自己，卻讓後世把她與女性主義緊緊相連。關於這一點，我始終費解，但可以體會這世間確實需要像她這樣的女人來做榜樣。她畫她自己的內心，而現代的女人只會自拍。

JUL

7

——1861年7月7日，美國遺傳學家內蒂·史蒂文斯（Nettie Stevens）出生於美國佛蒙特州

如今，受過國中以上教育的我們都普遍知道受精卵的性別決定於精子裡的Y染色體，但破解這位人類性別迷思的科學家卻經常被人遺忘。她叫做內蒂·史蒂文斯，在她所處的時代中，女性科學家的成就經常被忽略，且長期由另一名男性科學家「整碗捧走」。在世時，她的學術成就斐然，但一切卻在她死後很久才獲得正名。

內蒂·史蒂文斯成長於美國南北戰爭時期，當時女性最好的歸宿除了結婚生子，工作能最高做到一名教師也就到頂了。但她想當科學家，且一生致力於為理想邁進。三十五歲靠教書存夠錢後才去考大學，然後一路攻讀到博士，進研究室做研究。既然性別已經不是她的阻礙，那麼年齡也就更加不需要在意。

大器晚成的她在短暫的學術生涯中發表了近四十篇論文。只是，因性別而被埋沒的女科學家又何止內蒂·史蒂文斯一個，哪怕大名鼎鼎、獲得兩次諾貝爾獎的居禮夫人在研究生涯都曾遭受到不公平的待遇。這種現象被稱為「瑪蒂爾達效應（Matilda Effect）」，指的是女性科學家的成就得不到正名，也未被歷史賦予合理的地位。

JUL

8

過自己想要的生活不是自私，
要求別人按照自己的意思去生活才是。

9

JUL

有些人的社交，是選擇性障礙。
對他人，三言兩語，
對某人，千言萬語。
我發現我有這種障礙。

JUL 10

——1875年7月10日，美國人權教育家瑪麗．麥克勞德．貝修恩（Mary McLeod Bethune）出生美國南卡羅來納州

瑪麗．麥克勞德．貝修恩是二〇世紀最重要的黑人教育家、民權和婦女權利領袖之一。她創建的大學為當今黑人大學設定了教育標準，而她擔任總統富蘭克林．羅斯福顧問的角色則為非裔美國人支持民主黨開闢了道路，被尊稱為「非裔美國人第一夫人」（First Lady of Negro America）。

1945年，總統哈里．杜魯門任命貝修恩代表美國出席聯合國成立大會，她是大會上唯一的有色人種女性。

歷史上其實到處都有女性的影子，不分種族、膚色，她們以自己的智慧、能力、意志力和創造力，在所處的時代留下了自己的印記，並造福他人。

11

JUL

喜歡一座城市，是喜歡自己在那座城市的樣子。討厭一座城市，是因為有人讓你在那裡傷了心。

JUL

12

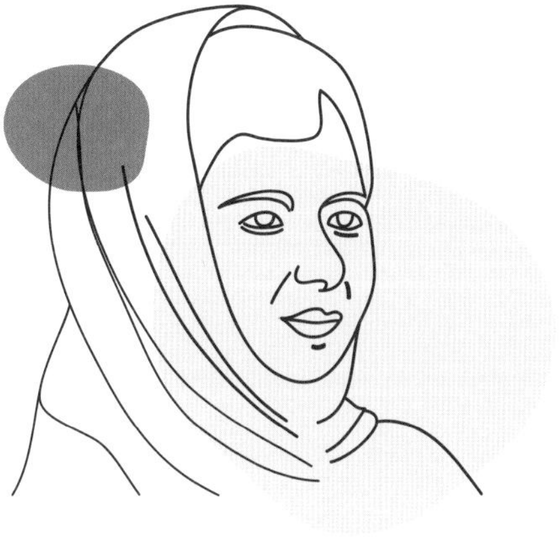

——1997年7月12日，諾貝爾和平獎最年輕得主馬拉拉．尤沙夫賽（Malala Yousafzai）出生於巴基斯坦

馬拉拉的家庭從小就灌輸給她正確的教育和價值觀，她的父親是一名巴基斯坦外交官，致力於社會活動家，他建立了一系列私立學校並積極為女性爭取教育權利。

她所在的地區興起反對女童教育，於是她開始在網路上發表自己的經歷和感想，不僅繼續求學，還致函外媒，為巴基斯坦婦女和兒童爭取權益。

這一系列的發聲讓她受到注目，2012年10月9日，馬拉拉乘校車回家時遭到槍擊，傷勢嚴重，經過治療恢復後就留在英國就學。2014年，年僅十七歲的馬拉拉成為最年輕的諾貝爾和平獎得主。

馬拉拉雖然年輕，卻一直在用行動證明自己的主張，她說：「女性可以改變世界，而非等待男性的幫助。我們不會要求男人們去改變世界，因為我們自己也可以做到。」

13

JUL

總有一天會有一個人走進你的生活，讓你明白，為何你和其他人都沒有結果。

JUL

14

如果我犯了錯，請不要一味地和旁人一起數落我。挺我，才是你該做的事。

15 JUL

——1889年7月15日，
宋靄齡出生於中國上海

宋靄齡以精明、厲害著稱，可以說是宋家王朝的創造者，或說，是設計者。不僅自己嫁給當時的財政部長孔祥熙，也促成了自己的妹妹宋美齡與蔣中正的婚姻。宋氏三姊妹在政治上的影響，是中國近代史上無法忽視的。

民間傳說，大姐宋靄齡愛錢，所以嫁給了中國首富孔祥熙；二姐宋慶齡愛國，所以嫁給了國父孫中山；三妹宋美齡愛權，所以嫁給了當時中國第一強人蔣介石。

她們都是當代的傑出女性，最終卻因為追隨不同的政治信仰，而各走各道。留下的只有那道不盡的傳說與故事。

JUL

16

妳的刺在哪裡，妳的堅持與獨特就在哪裡。不要輕易為了討好誰，去掉本該在妳身上的缺陷美。

17 JUL

—— 1954年7月17日，
德國政治家安格拉‧梅克
爾（Angela Merkel）出生

Apelline / Shutterstock.com

在政壇寫下一頁的女性政治人物多半都有自己的強勢鋒芒，但在梅克爾身上卻很難直接看出這一點。她給公眾的印象是木訥、樸實、低調、不善言辭，從不以展現私人生活換取親民的好感，但務實的科學家如她，展現的卻是隱含強勁力道的政治手腕。

梅克爾是德國歷史上第一位女總理，雖然不太喜歡別人用女性身分對她進行討論，卻也不刻意迴避或故作姿態，我想應該是這一點讓她與眾不同吧，政治人物本來就不需要虛張聲勢。

JUL

18

——世界聲音日

你永遠不知道自己在別人嘴裡被說成什麼樣子，有多少個版本。所以，做好你原本的樣子就好。

19

JUL

不要騙自己了，所有的焦慮都是因為對自己無能的一種憤怒。

JUL

20

愛情這回事兒，失敗得夠多，才會認識自己。認識了自己，才知道愛情其實不用著急。

21

JUL

── 西元前776年7月21日，世界第一次古代奧運會在古希臘舉行

2021年的東京奧運會，讓台灣全民上下在緊張的疫情期間獲得了最大的安慰。那些優秀的台灣運動員在場上拚搏，締造成績。而螢幕這一頭，我們的心與他們的勝負同頻。這是一個值得紀念的熱血夏天，應該也是很多台灣人看過的最精采的一場奧運。

JUL

22

中年人的悲傷是什麼？熱情被生活全面輾壓，片甲不留。以致夢想，終變成「夢」。

23

JUL

女人的優雅，有時是一種敢於面對生活挑戰，所展現出來的從容。

JUL

24

有一句話是這麼說的：「口紅讓女人的謊言更動聽」。我深深覺得，有道理。

25

JUL

世上的事情都經不起推敲，一推敲，每一件都藏著謊言。

JUL

26

一個擁抱能解決的事情太多了，為什麼我們還是選擇別過頭去？

27

JUL

普通朋友才會逐漸淡去，漸漸不聯絡。
會絕交的，只有摯友。

JUL

28

優越感就像內增高。但如果我們真正對自己有自信，就不需要。

29

JUL

—— 1981年7月29日，
查理斯王子和黛安娜在倫敦舉行結婚典禮

在世紀婚禮還沒有被稱作世紀婚禮之前，多數人只耳聞王子與公主的童話。但這一場英國皇室婚禮卻創下了世界紀錄，把童話搬到了人們眼前。

從此，世紀婚禮誕生了，在這一刻，人人相信有童話。

JUL

30

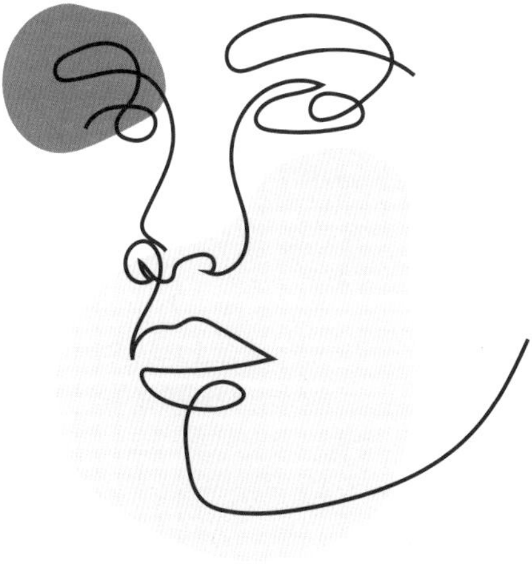

——1818年7月30日，英國小說家《咆哮山莊》作者艾蜜莉·勃朗特（Emily Bronte）出生於英國約克郡

毛姆曾評價《咆哮山莊》：「我不知道還有哪一部小說中，愛情的痛苦、迷戀、殘酷與執著，曾經如此令人吃驚地描繪出來。」

艾蜜莉·勃朗特是英國勃朗特文學三姊妹中的老二，只活了三十歲就去世了。一生僅發表過一部小說《咆哮山莊》，卻奠定了她在文學史中不朽的地位。未曾遠行，沒有談過戀愛，閉門造車寫出《咆哮山莊》這一個充滿愛情、仇恨、曲折的故事。事實證明，上帝若給女人一支筆，她們真的可以創造出另外一個世界。

31 JUL

——1965年7月31日，
《哈利波特》作者J.K.羅琳
（J.K. Rowling）出生於英
國瓜廖爾郡

從領最低政府救濟金的單親媽媽到全世界最有錢的女（富豪）作家，J.K.羅琳向大眾示範了靠寫作改變命運的歷程。《哈利波特》在我看來是一部「向世界中心呼喊愛」的作品，裡面包含了很多種愛的形式，並承認愛的力量。系列電影上映時，我一部部追著首映進影院，真的非常喜歡。

1994年開始，J.K.羅琳一邊帶女兒一邊開始撰寫《哈利波特》系列，好不容易完成了第一本手稿，卻連續被十二家出版社退稿。後來的事大家都知道了，《哈利波特》被改編成電影，她賺到第一桶金後開啟了人生創作的黃金十年，《哈利波特》已經成長為近二十年來全球最大IP，J.K.羅琳每天只要呼吸就能每秒賺五英鎊，年入1700萬美元。她一個人，靠文字塑造一個虛擬的魔法世界，卻徹底地改變了整個真實世界，拉動了全球無數行業的發展，這真的是很勵志的故事啊。但她也在成名後第三年開始涉足公益，從幾百萬幾百萬的捐贈，到幾千萬幾千萬的砸，2012年就跌出了《福布斯》全球富豪榜。

這也真的是很勵志很感人的故事啊。

JUL

Artskrin / Shutterstock.com

August
八月

性，與伴侶價值

常常覺得在公開場合談「女人不該被年齡限制住」這件事很過時了，因為太多女性主義雞湯文都在呼籲女人要拋開身分證上的數字，年齡不算什麼。但很多時候，我卻隱隱覺得或許是檯面上政治正確的一種說法罷了，在女性意識逐漸抬頭的風氣下，所有人都不會違背這個論點去做其他方面的思考。以致，當談論一個話題前，大家考慮的都是主流意識的角度，首先想到的是「求生欲」，而不是提出另外一個觀點分享。

我之所以感慨「年齡對女性依然存在某種程度的影響」，是因為發現無論是身邊的女孩，還是未曾謀面在社群平台提出問題的讀者們，都對年過三十卻遲遲沒有對象顯露出焦慮。甚至有些人告訴我，他們一群姊妹淘才二十五、六歲，卻都已經開始焦慮沒有婚可以結。她們內心渴望穩定的情感或婚姻，卻幾度蹉跎以致沒有步入這個境界。可能面對親朋好友的關心會表面裝得雲淡風輕，說自己小日子過得很可以，不著急結婚。面對父母的催婚也會很不屑，覺得年齡不是問題，說婚姻不能將就。但夜深人靜時，仍然忍不住要對自己的孤單掬一把無人知曉的淚。

這種女性口號與真實社會觀感相互矛盾的狀態，才是普通女人最大的焦慮感來源。一邊想做一個在年齡面前無所畏懼的女子，一邊又感受到四面八方投射過來的眼光。

客觀說來，女人年紀越大確實在婚戀市場中越沒有優勢，這是不容否定的事實，除非妳自身有很多優秀條件可以讓人忽略或不太在乎年齡，或者對方根本也不考慮生育的事情，那麼年齡就不成問題。我一直覺得唯有認清這個事實，我們才能將自己擺放在對的位子，真正對年齡不再患得患失。所以，接下來我要說的觀點，是像我這種結婚十三年卻沒有孩子的人一直以來堅持的想法。在婚姻的價值上，我們這種不下蛋的母雞是很多長輩心頭的一根刺。他們跟那些嘴裡說年齡不是問題的人一樣，表面尊重這是你們小夫妻的選擇，但暗地裡依然對抱孫充滿期待，甚至會跟孝道劃上等號。

男性、女性在婚姻中粗略劃分有兩種基本價值：一種是作為長期性伴侶與生育身分的「性價值」，一種是基於一個人最根本的，體現在工作、生活之中的「伴侶價值」。以下，只針對女性來討論。

女性性價值中的生育價值是無法隨著時間增長的，相反的，它有非常嚴格的時間規定，生育這個身分，對女性來說真的非常現實且殘酷。大多數晚婚的女性最害怕的關卡就是懷孕，甚至成為很多男性找對象時不敢直面的現實問題（怕說出口很傷人）。無論醫學發達到什麼程度，只要人工子宮尚未被發明出來，女人就要肩負起較多的孕育責任，而這個責任繞不過年齡這個關卡，所以妳的焦慮是很有依據的，是非常正常的，請不要用年齡不是問題來麻痺或催眠自己。

但婚姻終究不是一個結局，而是另一種生活的開始，生孩子也是。如果現實中我們真的因為不想將就婚姻而錯過了最好的生育年齡，那該怎麼辦？難道就不配擁有一段好的婚姻了嗎？

如果真的想要保有自己對於生育的掌控權，除了意識到年齡的侷限之外，最重要的是做出一些補救的方案。例如，在最美好的年紀去凍卵、與伴侶討論試管的可能性。目前政府對這兩項補助正在積極的通過立法，但未完成之前，我們也能自己規劃，做好準備。

雖說這些補救方案並不能百分百有保障，卻也是你對生育權的一種掌握。很多女人在面對質疑時會說：「我的子宮用不用關你什麼事？」這句話確實能達到情緒宣洩的作用，但如果真的不想受困於年齡，不是光喊喊口號嗆身邊的人要他閉嘴，而是自己為自己做出實際決策。

再來，親愛的，我想告訴你，婚姻中最重要的價值，其實是作為伴侶的價值。這跟生育無關，卻跟你自己最有關係。

隨著年齡增長，確實會讓女人的性價值變低，但同期增加的卻有可能是你身為伴侶的價值。例如：工作越來越好、收入越來越高、待人處事越來越成熟……等等。妳將自己的生活過得多采多姿，無論是經濟上的舒適，還是對事物抱持極大的熱情，都會感染身邊的人，這種感染是很有魔力的，是真的會讓人超越年齡這個俗世的看法，去看妳這個人真正的樣子。甚至，會興起想跟妳一起過日子的念頭，想一輩子跟妳搭伙。

因此，與其被年齡框住，對無法控制的性價值產生無窮盡的焦慮感，不如在可控制的伴侶價值上多一點投入。如此一來，年齡就不會再是妳的劣勢，因為個人的成長將彌補這一點空缺，將妳打造成一個伴侶價值很高的人。

而我們想要共渡一生的人不就是能超越性價值的限制、看到伴侶價值的人嗎？

1

AUG

關於幸福，每個人追求不同，只是有一種幸福更符合主流的看法，而主流從來都不需要很酷的人，他們需要的是你安分。

AUG

2

不去思考那麼多也能過好這一生。想得很多，懂一堆大道理，卻依然過不好這一生的也多了去。

3 AUG

上天對人類最大的恩賜也許是：隨著時間的推移，我們會淡忘那些自己不願意想起或不在乎的，只記住那些對我們有意義的，哪怕芝麻綠豆大的小事。

AUG

4

面對這個世界，用微甜的態度去與人相處，讓這段關係有糖的甜美卻不會輕易發胖。

5 AUG

你怎麼會覺得先離開的人就不傷心呢？又怎麼會以為哭出聲的人才最難過？生活裡也有表現主義者，極克制的演技他們是學不會的，甚至沒有那種天賦。

AUG

6

——國際電影節

不能說出的愛，都被唱成了歌；
而說出來的愛，似乎都變成了過去。

7

AUG

不管是失戀還是失婚，最終都是一場自我救贖的戲。我們總是要先經歷各自怨懟的過程，才能從中撿回一點殘存的自信。

AUG

8

——父親節

唐明皇為什麼愛楊貴妃？不是因為她美貌，而是因為她熱鬧。不是每個女人，都可以把日子過得有趣。

9

AUG

人生總是要辜負幾個人以及被人辜負的。如果不這樣，又怎麼會知道自己的底限與原則，以及自己的毫無底限與毫無原則呢？

AUG

10

生活本是一地雞毛，所以什麼品味、什麼質感之類的，都是自己成全自己的惺惺作態。但也因此，我們才與眾不同。

11 AUG

一段美好的婚姻不是沒有挫折，愛情、孩子也不是唯一的紐帶。但雙方兼容和諧的精神世界肯定是有的，它會深植於心，且無法被替代。

AUG

12

——西元前30年8月12日，埃及豔后克利奧派特拉七世自殺

埃及豔后應該是歷史上第一位以美貌維持一個國家長達二十二年和平的女人，甚至是以美貌改寫歷史的女人。前後與兩位知名君主的愛情更成為大眾文化裡最吸睛的題材。這樣的女人被稱為「尼羅河畔的妖婦」，是為掩蓋她出色的政治手腕所作出最偏頗的形容了。

克利奧派特拉七世在政治上永遠主動出擊，為了國家的地位，拿出了女人的美貌、智慧與勇氣，駕馭了男人，也保住了國家。她當然是出色的女政治家，為她的人民贏得和平與安定。甚至在愛情裡，她也於安東尼身上收獲了兩情相悅，最後一起為國殉身，難道不是一位幸福的女人嗎？

13

AUG

大抵愛情，
對男人來說是一種教育，
對女人是一種誤導。

AUG

14

如果喜歡的是錢，為錢工作也很高尚。找到一個喜歡工作的理由，那就是高尚的。

15 AUG

一個人上餐廳吃飯有什麼了不起？
兩個人上餐廳吃飯比一個人更孤獨，
這才了不起。

AUG

16

——1958年8月16日，瑪丹娜出（Madonna）生於美國密西根州

在當今世界流行歌壇，天后有很多，但女帝可能只有一位，那就是「瑪丹娜」。有些歌手無論多紅，也許都只是明星，而瑪丹娜卻可以代表一個時代符號。回望1982年，誰都未曾想過，這位輟學後帶著35元美金到紐約發展的美國義大利裔女人，會在出道後的未來三十年裡， 對整個世界的音樂、時尚乃至社會人文產生如此深遠的影響。

她是一位歌手、明星、演員、導演、慈善家，絕對的女權主義者……，斜槓身分，多麼跟得上時代。從出道至今，一直堅持用她驚世駭俗的穿著與表演，宣揚她的理念。喜歡她的人奉她為偶像，討厭她的人罵她是婊子，極端的爭議向來負責把一個人推上浪尖，而瑪丹娜無疑就是一直站在浪尖上的人，因為她身上從來不乏爭議。

很長一段時間，說起內衣外穿，很多人的直覺反應就是瑪丹娜在演唱會所穿的，由Jean-Paul Gaultier為她量身訂製的金色錐型胸罩裝。她到底有多紅？這個問題不需要問年輕人，只要問你家的長輩聽沒聽過她的名字就能得到答案。

天后有很多，但女帝真的可能只有一位。

AUG

17

一直追逐不屬於自己的生活，身體就會長出奇怪的東西。奇怪的氣質、奇怪的品味、奇怪的言行、奇怪的舉止、奇怪的價值觀、奇怪的另一半。

18 AUG

—— 1920年8月18日，美國國會批准了憲法第十九修正案，女性獲得了參政權

美國憲法第19條修正案規定了「美利堅合眾國或任何州不得以性別為由，剝奪或剝奪美利堅合眾國公民的選舉權」。美國各地的婦女終於獲得了爭取已久的投票權。這條法案其實在1877年就提出了，美國婦女們抗爭了三十多年，一戰後才迎來重大進展。同年11月，全美超過800萬女性首次參加了選舉投票。

2018年上映的傳記電影《法律女王》On the Basis of Sex，是根據美國女性大法官露絲・貝德・金斯伯格的真實經歷改編的，劇中有一幕呈現男性法官質疑「女人」這個單詞，從沒出現在憲法中時，金斯伯格犀利地回擊：「自由也是。」

這恰恰說明，如果法律存在錯誤，它理應被修正。美國女性經過數百年的努力所獲得的投票權也有著這個意義。

AUG

19

——1883年8月19日，加布里埃・香奈兒（Gabrielle Bonheur Chanel）出生於在法國小城索米爾

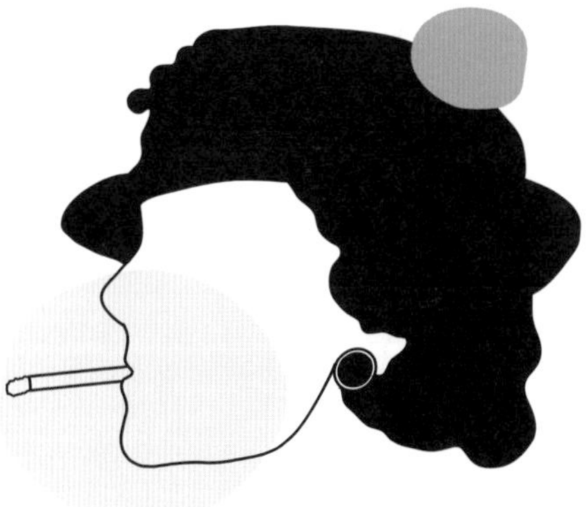

Vegan Girl / Shutterstock.com

這時代的人生贏家是嫁個有錢人生幾個孩子，產後迅速恢復身材出來曬恩愛，可我覺得像香奈兒女士這樣徹底翻轉自己命運的女人，才配稱「人生勝利組」。因為與她一樣出身的女人有太多太多都淹沒在尋常的日子裡，無聲無息地度過一生。

雖然談過很多戀愛，但她留給後世的金句卻很少跟愛情有關，大多數是關於「風格」、「自我認知」，以及對「美」和「品味」的討論。

正因為她一直都把「自我」放在人生中最重要的位置，才讓她的人生無論是生活、事業、情感都如此豐富而精采吧？

20 AUG

我羨慕那時的自己，還有完整的幸福可以撕碎。

AUG

21

先是自己，然後才是父母的女兒，愛人的女友、妻子，孩子的母親。但你卻常常把自己放在最後。

22

AUG

默默發現，在情感上吃過虧的女人，幾乎都曾在不應該考驗自己的地方，對自己太自信。

AUG

23

所有牢不可破的關係都不是橫切面平滑的對接，而是你中有我、我中有你的鋸齒狀咬合。這才能傳動，能前進。

24

AUG

什麼叫做小宇宙，就是只有你自己的地方。無論身邊有沒有人，生活永遠是與自己的對話。

AUG

25

沒有人能逃過拋物線的人生。
在至高的榮耀時刻學會自持，
在至低的沮喪困境學會自處。

26

AUG

網路上太多「完美的女人」了，以致讓我們、讓整個社會誤以為現在的女人遭遇情傷只要擦個口紅、踏雙高跟鞋就能好了。

AUG

27

人生啊，總有些路，你必須笑著把它走完。只有笑著，才能走完，也才能走完。

28 AUG

單身久了，碰上一個異性，只要多說一句話，都覺得是撞上桃花。看見有人朝自己走過來，以為來搭訕，其實只是問路。

AUG

29

親愛的，也許你不知道，口紅分很多種，塗口紅的女人也有很多種，但沒有一個女人擁有和我相同的唇印，這是你的幸運。

30 AUG

「獨佔」是一種由內而生的外在行為，但其實是一種形而上學，只有對方心甘情願，你才能享受真正獨佔的快感。否則，不過是在跟別人搶東西罷了。

AUG

31

只有當你主動的時候，你的世界才會漸漸成為想要的樣子。

September
九月

物化

「以前的人，心裡如果有什麼秘密，他們會跑到山上，找一棵樹，在樹上挖個洞，然後把秘密全說進去，再用泥巴把洞封上，那秘密就會永遠留在那棵樹裡，沒有人會知道。」

這是《花樣年華》裡的一幕，而我的後台，有時也像周慕雲的樹洞，會有特派員們折一只紙飛機，搖搖晃晃飛來，寫滿他們的秘密與煩惱。

秘密與煩惱終止於我，不僅因為我會提供自己的建議與看法，更多是「傾聽」。我經常想，如果要從我身上找一個優點，那麼作為一名優秀的傾聽者，該是其中之一。

周慕雲的秘密是蘇麗珍，打開紙飛機，裡面寫滿的也是情愛的糾葛。情感關係的困頓比我想像的更加複雜且繁多，一路傾聽下來，我感覺秘密中的情事常常比檯面上的更荒謬與不堪，但也有可能，是更真實純粹的。

近幾年，女性主義（或說女權）的崛起，在影視或輿論上出盡了鋒頭。大眾會有一個錯覺，就是現代的女人比起我們的母輩更有想法，擁有更多的選擇權，更勇於表達自我。因為社會中有工作的女人多了，在專業領域出色的女性也漸漸被大家看見，女性的地位從原本的依附男人變成了自己可以當家作主，女性力量成為時代販售雞湯的不敗口號。

但在那些搖搖晃晃飛來的紙飛機上，我看到女性對自己的物化，其實要比男性視角的物化還要嚴重很多。情感關係依舊是女人一生中至關要緊的環節，就像張愛玲在《傾城之戀》寫的：「一個女人，再好些，得不著異性的愛，也就得不著同性的尊重。女人們就這點賤。」女人無論如何都需要透過在愛情婚姻裡的得意來對同類彰顯價值。

而我所看見的物化是怎麼樣的一種物化呢？最常見的例子是，男友或老公出軌，很多女人心中第一個想法便是：「是不是我不夠漂亮不夠年輕，他才會移情別戀？」在這份自責中，她不知不覺將自己當成了男人的附屬品，把年輕漂亮視為最重要的籌碼。但或許她未曾這樣想過，她覺得自己有一份工作，經濟獨立，不是誰的「東西」，只是在被欺騙的那一刻，她會脆弱到連自己物化了自己都不自知。畫外音是：「第三者肯定是比我好的女人吧？所以他才會被吸引。」

因此，戲劇裡的正宮才永遠要端莊有格局，去正面迎擊妖媚惑眾的第三者，除了證明不是我不夠好之外，也是要去放大第三者的道德瑕疵，在螢幕面前比出一個高下、對錯、好壞。

說句三觀不正的話，在愛情中出軌另外一個人的機率高到無法忽視，而且再正常不過。我經常覺得女人一生至少要親自操作一次移情別戀，之後就會明白，不是對方不夠好，而是愛是一種會隨著時間、眼界、性格、環境……等因素改變的東西。親身有過這個體會之後，縱使被欺騙背叛了也不會自責是我不夠好，而是明白愛的感覺消失了，在很多你無法控制的因素下，對方的愛變淡了，而屬於你的那些美好特質，依然是美好的。

從男性的視角來看，他們肯定需要一個忠誠的伴侶，所以過去以男性為主要發言的語境中，女人的愛情觀被塑造成忠貞不渝，女人會一生只愛一個人，為他奉獻自己。長長的一生中，對女人最重要的就是愛情、婚姻、家庭、孩子。但事實是如此嗎？女人真的只會一生愛一個人嗎？我覺得不僅不會，而且很有可能是能夠同時愛著兩個甚至以上的人，他們因為不同的特質吸引自己，對自己有著不一樣的意義。

再者，為什麼在社群平台上，秀恩愛的大多是女性群體？一個女人，即使上了政治、財經版面，依舊會被問到情感問題，並且經常變成斗大的標題來吸引點擊。那是怎麼樣的一種物化呢？我們被大量指導女人應該如何的影視作品、雞湯文、大眾觀感、母輩指導、男性觀點、同性指使……，塑造成「一個可以隨時說出金句，卻沒有自我想法的」女性主義者。當我們大量專注在男女情愛的對峙中、婚姻關係的利害中，也就逃脫不了別人在女性的外貌、年齡、生育、婚戀問題上做文章。

於是，所有焦慮感的來源都是因為——女性的自我物化。真是怨不得他人啊。

1

SEP

—— 記者節

女孩，當你還不清楚自己要什麼的時候，就嘗試去學點新東西。千萬不要輕信他人，尤其是男人。

SEP

2

每個人尷尬的青春中都曾出現過這樣的兩個人。稱兄道弟以朋友名義愛著的那個人，集所有嚮往卻永遠不可得的那個人。

3

SEP

從前以為，深不見底的人是那種把自己藏得很深的人，現在才明白，以為一眼能看穿的人，往往才是「藏得最深的人」。

SEP

4

有時，我會被自己的執著感動，哪怕這是一個無人知曉的漫長過程。因為我確定，未來的自己會默默地驚艷所有人。

5

SEP

——1997年9月5日，有「加爾各答天使」美譽的德蕾莎修女過世

德蕾莎修女是二十世紀世界著名的天主教慈善工作者，主要替印度加爾各答的窮人服務。因其一生致力於消除貧困，於1979年獲得諾貝爾和平獎。

去世的那一天，印度為她舉行了國葬，來自世界各地二十多個國家、四百多位政要參加她的喪禮。有人這樣形容德雷莎修女——除了愛，一無所有。她始終與窮人為伍，實現著「哪裡有悲傷我就帶去歡笑，哪裡有黑暗我就帶去光明」的理念。

或許並非所有人都信神，也並非所有人都信教，但我們應該要信愛，相信這世界是有愛的。

SEP

6

——1860年9月6日，原始派畫家安娜．瑪麗．羅伯森．摩西（Anna Mary Robertson Moses）出生

安娜．瑪麗．摩西被粉絲稱作「摩西奶奶」，因為她拿起畫筆時已經是七十七歲的老奶奶年紀了。她把自己一生中最熟悉的農場生活當做繪畫的素材，於晚年成為美國最著名也最多產的原始派畫家之一。

她說：「任何年齡的人都可以作畫。」這句話沒有騙人，如同我也認為任何年齡的人都可以寫作一樣。寫自己最熟悉的東西，寫自己的感知感悟。

千萬不要被年齡侷限，覺得為時已晚。因為，種一棵樹最好的時間是十年前，其次，就是現在！

7 SEP

—— 1533年9月7日，
英國女王伊莉莎白一世
（Elizabeth I）出生

如果死亡是人性最耐人尋味的一次反響，那麼人之將死，說出口的那句是不是就是最真心的話？終身未婚的女王伊莉莎白一世臨終說：「願以我一切所有，換取一刻時間。」

二十五歲登上王位，在位長達四十四年。將十六世紀的英國推上世界強國地位，讓軍事、經濟、文化都處於高峰期。那段英國的黃金時代也是伊莉莎白一世人生中的黃金時代，她死前那份眷戀的心情可想而知。

撰寫伊莉莎白一世傳記的英國作家J.E.Neale這麼感嘆過：「伊莉莎白並不是一位中世紀式的傳統女性。人們之所以對她的獨身感到驚奇，是因為沒有任何人願意承認統治英國的是一位『現代化的女人』。」

將人限制住的永遠不是時代，而是那顆食古不化的心。

8

SEP

——1995年9月8日，女作家張愛玲在美國洛杉磯逝世

張愛玲，本名張煐，生於1920年9月30號。出身名門，爺爺張佩綸是清朝名臣李鴻章的女婿，李鴻章是她的外曾祖父。雖然有著名門貴族的血統，卻也沒有因此覺得了不起。她說：「我沒趕上他們，所以跟他們的關係僅是屬於彼此，一種沉默的無條件的支持，看似無用、無效，卻是我最需要的。他們只是靜靜地躺在我的血液裡，等我死的時候再死一次。」

直到今日，我們仍舊一直在談論張愛玲，傳播她小說裡的金句，感嘆她對男女之情的涼薄與通透。許多人說年輕的少女不該看張愛玲，會自此對愛情幻滅。我卻恰恰認為，凡女人都該看張愛玲，看懂她的文字，就等於看懂男人、女人和愛情。

SEP

9

最能治癒孤獨和疏離的就是日常的瑣碎，在很多絕望的時刻，人間煙火才是救命的繩索。

10 SEP

—— 1890年9月10日，
服裝設計師艾爾莎．夏帕瑞麗（Elsa Schiaparelli）出生於羅馬

在影響世界的時尚女設計師中，一定要算上Elsa才不無聊。她不僅是九〇年代偉大的設計師，也是另一個天才設計師香奈兒的死對頭。她閃婚、生子，之後被吃軟飯的神棍老公拋棄，透過朋友協助才開啟自己的設計生涯。

Elsa的設計多以達達主義、超現實主義風格為主，並經常與藝術家進行聯合創作，無論是鞋帽、骷髏裙、眼淚裙、指甲手套等等，幾乎每件作品都被譽為經典。尤其與藝術家達利合作的龍蝦禮服裙，至今依然被時尚界反覆拿出來致敬。

如今，聲名雖遠不如香奈兒受到吹捧，但不泛商業化的經營與設計理念也讓同名品牌一直都維持著怪奇藝術的美名，讓時尚等同藝術作品。

SEP

11

生活的整理術，就是人生的整理術。生活顛三倒四，人生也會跟著歪七扭八。很多習慣都是養成的，都是變成下意識行為反射動作後所建立起的宏大規模建設。

12

SEP

不只女人，在愛情裡，男或女都可能曾以「對方肯為我放棄多少」來考慮愛情的深度。恰恰是這種邏輯，逼著雙方在此後陷入情感綁架的深淵裡。

SEP

13

人總想用最低的努力成本得到最大的現狀滿足。可是人這麼賤，免費或便宜的東西根本不痛不癢，老想著走捷徑，爽度就會打折。

14 SEP

沒有人可以叫你放棄夢想。因為，只要你親自去試試看，很快就會自動放棄了。沒有人可以幫你選擇要走的路，因為，只要你親自走走看，很快你就走不下去了。

SEP

15

——1890年9月15日，偵探小說作家阿嘉莎·克莉絲蒂（Agatha Christie）出生於英國

被粉絲暱稱為「阿婆」的阿嘉莎·克莉絲蒂是世界銷量最高的女作家，而她的一生也跟小說一樣離奇而富有戲劇色彩。從小在家學習，沒有接受過正統教育，為了報復丈夫出軌，自己設計了一場驚天動地的失蹤案，讓社會輿論傾斜於她。離婚後與小自己十四歲的考古學家結婚，不僅開啟了創作生涯的黃金時代，也一路幸福到她八十五歲離世。

沒想到在小說裡殺了那麼多人的阿婆，現實生活中竟然拿著偶像劇的劇本。但最讓我佩服的是阿婆驚人的創作力，她一生筆耕不輟，寫出了高達八十部的作品，幾乎每一部小說都是偵探推理界的經典之作。

16

SEP

一樣都是吃著外賣，但如果你願意把餐盒裡的食物取出來用家裡的盤子盛裝，那可能就是比別人更懂得怎麼取悅自己一點。

SEP

17

女人啊，要嘛穩，要嘛狠。妳的本色是什麼？現實的難題一試便通通無所遁形。

18

SEP

女人不管多少歲，會為了對方一個眼神而害羞低頭，那都是充滿少女感的。只是如今，大多數人以自己老練世故、無堅不摧的心自傲。有點可惜了。

SEP

19

覺得很沉重嗎？那就對了。生活，也是挑剔的，它會選擇對的人施壓。

20

SEP

若即若離是偶像劇裡最好看的戲碼，卻是真實愛情裡最煎熬的時刻。

不冷不熱是生活中最好的溫度，卻是真實愛情裡最折磨人的態度。

SEP

21

—— 國際和平日

幸福的叫結局，悲傷的叫故事。
還是喜歡悲傷的故事，
但已經無法喜歡太多。

22

SEP

很多事情都是「後來才發現的事」，非得經過時間與歲月的洗禮，才能漸漸顯露面目，讓你在某瞬間恍然大悟。

SEP

23

人的一生多麼豐富，從青少年到中年再到老年的歷程是多麼難得的經歷，它不應該只為某一個階段停留或服務，更不應該被鼓吹只有某個階段的女人才配稱做美麗。

24 SEP

我們用了過多矯情的手段來證明自己，最終都不敢戀愛或失戀時的眼淚。生活啊，有太多雜念，最終還是得要靠哭一哭來終結。而戀愛或許就是成年人願意哭泣最好的藉口了，你說是不是？

SEP

25

一段親密的關係裡，是需要一點恰好錯亂的分寸，以及一點無傷大雅的任性。這是我對動心的解讀。

26 SEP

愛是粗糙但手感很足的東西，但凡摸起來圓滑沒有死角的，都是說放就能放的感情。

SEP

27

你一定要好好完成一件自己很想完成的事，做到了，你就會明白如何欣賞自己，再不輕易艷羨他人，懂得自我滿足。

28 SEP

—— 教師節

跟你說一些過去的事，不是為了讓你替我感到難過，而是想讓你理解，為什麼現在的我是這樣的我。

SEP

29

每個女人都有一種特異功能，那種神奇的第六感讓我們總能從一堆東西當中挑出最貴的那個，足以證明我們的品味不差。偏偏這樣的能力在遇見愛情時完全破功，我們總能從一群男人當中，挑到那個最渣的。

30

SEP

——國際翻譯日

渣男與不是渣男的分別僅僅在於——
誰能把那塊遮羞布弄得體面一點。

October

十月

勝算與熱愛

常想，我們是什麼時候開始變成討人厭的大人的？綜合多數原因，也許是從開始計較得失的那一刻起吧。選擇工作，一定要確定利大於弊，不肯苛刻自己一些，或者嘗試先付出一些；面對愛情，也總是把很多條件放在天秤的兩端，去權衡考量，帶著「這個人適合長遠交往」、「這個人適合結婚」的前提去戀愛。看到了勝算才去做，而不是單純因為喜歡這件事，或喜歡這個人。

之所以會有這樣的感想，是因為近期收到太多關於「確定有勝算才肯去執行」的問題。來詢問工作的人總說：「好怕失敗，這樣還要去做嗎？」「我三十歲了，應該是來不及了吧？」詢問愛情的人則問：「明知道不會有結果，還要繼續嗎？」所有人的字裡行間都流露出對想做的事、想愛的人的某種渴望，卻因為沒有把握，所以不敢向前邁出一步。

在已知的成功人士裡，你覺得他們當中有多少人是因為當初這件事能成功才去做的？幾乎所有人都會跟你說：「不，我也沒把握，但我想試試看。」而那些評估過這個人能娶能嫁的愛情，有多少人在進入婚姻之後也真正攜手走到人生的盡頭？

對比孩子，我們太計較利弊得失了，我們長成了大人，卻失去了冒險的精神。不是說這樣的功利心不好，而是步步為營的結果會讓我們的人生從此缺乏了一點彈性。那些本可以讓我們從中獲得樂趣與驚喜的彈性，那些名為浪漫的珍貴感受。

記得當初轉職時，身邊很多人都問我有幾成把握？老實說我根本答不上來，只能說說我為了轉職都做了哪些事。比如：我放棄了一個穩定福利好薪水不錯的工作；創業花光了積蓄，但一個案子也沒有接到；拉下臉來去求以前雜誌社的同事給我一份差事，沒有錢也沒關係，只要讓我的名字出現在幕後名單上。

免費幫人化妝做造型，然後安慰自己當做練練手藝；額外給客人一些特殊的服務，且不計算在酬勞裡。其實好多好多，現在回想起來依然覺得自己膽子很大，也因為經歷過這些事，才讓我的人生軌跡豐富又充滿故事。

結果得到的評價都是：「妳這樣不行，萬一失敗了怎麼辦？妳年紀不小了啊。」但我總得自己先踏出第一步吧，如果這一步我都踏不出去，又怎麼知道該怎麼修正，該如何調整呢？於是，在內心做了最壞打算，並同時覺得自己也能承擔後果，我就義無反顧邁出去了。這樣的義無反顧，人生中連續兩次，而兩次我都成功達到自己想要的境界。

常想，成功者為何成功？是因為他們運氣好、資源夠多嗎？我覺得不是，是因為他們敢承擔別人不敢承擔的代價，冒別人不敢冒的風險，並為此付出時間與耐心磨練自己。他們一開始也是站在各百分五十勝算的節點上，然後慢慢用自己的力量去一點點爭取百分六十、百分七十……最終達到百分百。之後，為了維持某個程度的水平，勤勞且求新求變。這當中如果缺乏熱情，是走不遠的。

這些人不是看到了勝算才堅持，而是因為看到了熱愛。

最常收到的問題還有：「怎麼確定某人就是你想共渡一生的人？」也是個啼笑皆非的提問，但我大概知道問的人想聽什麼，所以也就從一個人的三觀以及兩人的共性上去討論。但我更想說的是，衡量過各種價值觀，評估過他的身家背景、個人志向，你依然無法保證這個人能永久不變，那不如就問問自己能愛這個人多久吧？如果未來誰不愛了，能否承擔這個結果呢？能否可以成熟地結束這段關係呢？而我所談過的每一次戀愛，都不是奔著結果去的。我對此可以說，毫無勝算。

無論工作或愛情，我都在毫無勝算的情況下，做了最堅決的選擇。我是理性的，同時也是感性的，希望自己嚴肅地把事情想過之後，能有感性的念頭從腦海中一閃而過。我期待自己能在功利的權衡中，保有一絲浪漫的情懷。

我想做一個可愛的大人，不是看到了勝算才去堅持，而是因為熱愛所以自願付出。哪怕結果不盡如人意，都能不自怨自艾，耿耿於懷，也絕不把餘生耗在悔恨之中。

1 OCT

—— 國際咖啡日

自我肯定應該在更廣闊的邊界去探索，而不是在兩人關係裡。

OCT

2

有更輕鬆的捷徑可走，但為何我們還是選擇了最艱難的那條路？原來難走的路的盡頭不一定更美好，但絕對是「對得起自己的」。

3

OCT

「這是上天賜給我最好的禮物。」這句話告訴我們的難道不是「出現在別人的生活裡，要像一份禮物」嗎？為什麼我們只想得到禮物，卻把粗製濫造的自己獻給別人呢？

OCT

4

—— 世界動物日

年輕時我有個願望，希望自己的人生能活得理智、哲學，又不失浪漫。曾經以為做不到，但現在卻發現我已經是了。

5 OCT

——2017　年10月5日，《紐約時報》率先披露好萊塢電影製作人哈維・溫斯坦（Harvey Weinstein）性騷擾、性侵事件

《紐約時報》揭露之後，美國開始了#metoo運動，大量同樣的受害者，在社群平台紛紛響應，也被稱作「溫斯坦效應」。

在職場權力核心的男性，通過他的性別身分與強勢資源，對女性施以性掠奪，並對其造成了難以名狀的傷害。這不單單會發生在職場，也會發生在校園、娛樂圈等一切男女權利失衡的地方。在我們討論有沒有「完美受害者」的同時，也許應該想想，所有受害者為了自保，縱容了性騷擾或性侵行為之後，卻也反過來活在這個陰影之下，因為她永遠無法原諒妥協後的自己。這大概是#metoo運動的沉痛之處，也是最常被有心人利用的地方。

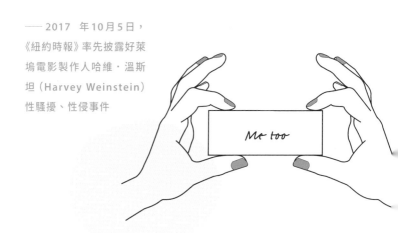

OCT

6

每個人身上都具備某種天賦，可能是你與生俱來的優勢之一。把天賦反覆練習到極致，讓它變成真正的「實力」。優勢練習，就是與生活談判的籌碼。

7

OCT

熱戀時，我們用情感構築出的想像塑造戀人型態，那個被塑造出來的人，與我們日後成為終生伴侶的人毫無關係。

OCT

8

你把人性交給星座，把努力交給雞湯，把運氣交給算命。然後對自己說：「明白許多道理，依舊過不好這一生。」那麼你過得不好，其實很正常。

9 OCT

——世界郵政日

曾經，有一顆糖和一塊蛋糕同時擺在我面前。我接受了糖，拒絕了蛋糕。多年後。我後悔了。我後悔的不是拒絕了蛋糕，而是誤以為糖會一直甜下去。

OCT

10

—— 國慶日

一段好的友誼也許就是見證了彼此很多過去，但共同思考的總是未來。有些人就是可以一路走來不會走散。

11 OCT

——1942年10月11日，
川久保玲出生於東京

總是一身黑，頂著一頭齊瀏海齊肩短髮，這就是川久保玲。1980年代前期，她以不對稱、曲面狀的前衛服飾聞名，直到現在，她依然在創造顛覆時尚概念的服裝。

Comme des Garcons是川久保玲的品牌，法文：像個男孩一樣。她為此解釋：「女人不用為了取悅男人而裝扮得性感，強調她們的身段，然後從男人的滿意中確定自我的幸福，而是用她們自己的思想去吸引他們。」

在我的認知中，川久保玲不僅是一位服裝設計師，更是一位精明的女商人。在創作與商業之間，她拿捏恰當，並且成功。這對世界上所有設計師來說都是難得的，卻被她實現了。她的主線設計經常被當做藝術品收藏，而支線品牌則用來創造營業額。難怪她口中說出來的金句那麼好聽，因為她不僅活在雲端，還經常下凡巡視。

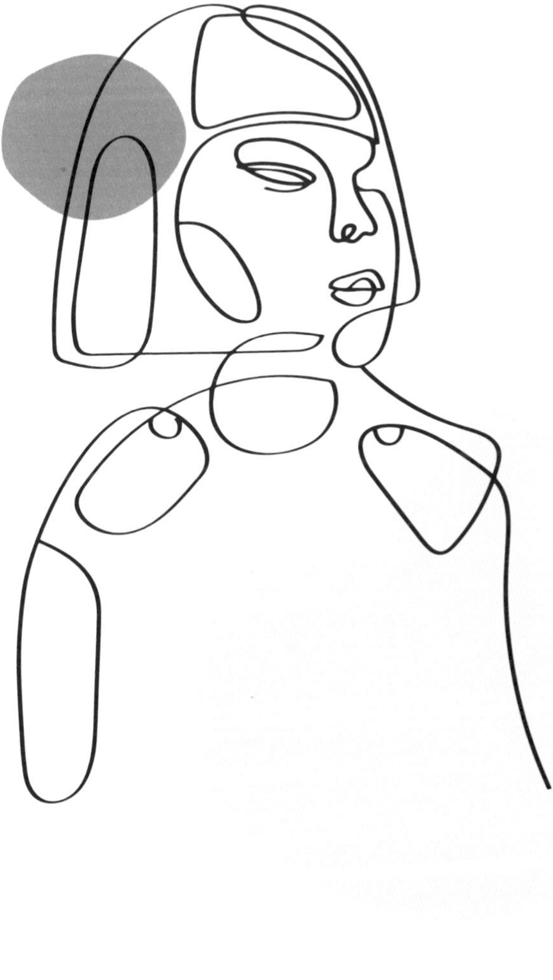

12

OCT

如果你不知道要去哪裡，那無論去哪裡都是對的。人總是覺得要有目標才能跨出腳步，所以一開始就在尋找路徑。但前期的小心翼翼反而讓我們怯弱，因為不想浪費力氣而過度謹慎，本身就是一種困境。

OCT

13

婚姻中比離婚更糟糕的結局是「假面夫妻」。兩個貌合神離的人在一起生活，還有比這個結局更痛苦、更糟糕的嗎？

14

OCT

被逼急的人只會說出連自己都不相信的藉口，他們唯一的勝算是對方的心軟。一旦逮住了你的心軟，他們就會不停觸碰你的底線。直到你精疲力盡，耗掉所有，才會幡然醒悟。

OCT

15

—— 世界洗手日

不是那些靈魂獨立的人更完美，而是這樣的人從來不諂媚也不討好，有自己的偏見，也有自己的立場。不奢求人人都理解，人人都被說服，哪怕世界上僅一個自己懂得。恰恰是這樣的人，輕而易舉地取悅了所有人。

16 OCT

——1793年10月16日，法王路易十六的妻子瑪麗王后，在協和廣場被處以死刑

作為法國大革命最著名的「象徵」，斷頭王后瑪麗·安東尼在生命最後幾年才算從過去那場華美奢靡的夢驚醒過來。但一切已經來不及了。

奧地利傳記作家茨威格如此評價瑪麗·安東尼：「她不想左右他人，也不想受他人左右。對她來說，當上皇后將意味著從此可以自由自在，她的最大願望也就是僅此而已。」於是他感慨地寫下：「她那時候還太年輕，不知道所有命運餽贈的禮物，早已在暗中標好了價格。」

所有少女只會開玩笑說自己過度地買買買，需要吃土，需要剁手，卻不知道於瑪麗安東尼而言，過度消費是要斷頭的。

OCT

17

結婚有必要嗎？若有人選，還是支持你試試看。婚姻最大的魅力在於：「探索兩個沒有血緣關係的人，究竟能達成多麼深度的連結。」

18

OCT

我們都想遇到不用改變就很適合的人，結果卻是企圖把對方變成自己喜歡的樣子。或者，把自己活成對方想要的樣子。

OCT

19

當你漸漸明白且掌握遊戲規則之後，就會開始不再抱怨。這個世界之所以勢利，是因為它會把好處留給願意付出努力的人。無法決定出身，就要用本事翻身。

20 OCT

——1934年10月20日，
日本第125代天皇明仁的
皇后美智子出生於日本東
京

為日本第一位平民出身的皇后，也是明治時代以來首位來自平民家庭的日本皇室成員。雖說美智子來自平民家庭，但她的家庭卻也不一般，是經營日清制粉公司的正田英三郎的長女，二戰前後著名的實業家。 她與皇太子的初識結緣於一場網球比賽。她打贏了他，也從此把球打進了他的心裡。但當他們的戀情提上進程要訴諸婚姻時，家世背景的巨大鴻溝也成為其他皇族反對的重點訴求。最終促成明仁和美智子結合的，是昭和天皇的態度。他出面表示「只要皇太子喜歡，出身平民也無妨」。

以一個平民之女一躍而成為太子妃，再到後來的皇后，美智子以自己的努力在現代天皇史上留下了不可磨滅的印記。她的肖像曾經兩度登上美國時代雜誌，以她為代表的大和撫子形象，至今依然牢不可破，是皇室外交的頭號明星。

只是深宮之中總有不能為外人道的哀愁，這冷暖的滋味只有美智子自己有權評價。神祕的日本皇室，我們僅能在外頭想像面紗裡的朦朧輪廓，無法真正深入一探究竟。

21 OCT

這幾年我深刻明白等待的必要。有些結果，盡了全力之後只能等待，就算它永遠不來，你也能從等待中逐漸釋懷失望，然後知道所謂的盡了全力，不是一種極限，而是重新開始。

OCT

22

好多人渴望轟轟烈烈的愛一回，卻很少有人願意轟轟烈烈的拚一次。

23 OCT

—— 1904年10月23日，
北洋女子公學創辦於天津

若不提起，誰會知道中國的第一批女學生誕生在天津呢？只是在「女子無才便是德」的傳統觀念中，依然有很多家庭不敢送女兒去上學。

如今，無論男女，接受教育成為最基礎的培養，但你想過嗎？人為什麼要受教育呢？我想，教育是一種引導，引導我們走向自我認識的境地，也引導我們從中實現自我。

OCT

24

你抱怨的從來就不是工作，是你的生活為何不是錢多事少離家近、每天睡到自然醒。

OCT

25

—— 光復節

我曾經以為心目中的偶像是神，再不就是個天才。但其實他們只是努力成我們無法努力的狀態，才因此達到我們無法達到的巔峰。

OCT

26

不肯透過自己的語言來跟自己對話交流，連自己都不想好好認識或了解。如果是這樣，透過別人無病呻吟的勵志文字，又能夠感動自己多少？

27 OCT

人生不同階段都要學會的一項技能叫做「告別」。跟親人，跟朋友，跟工作，跟自己的青春。

OCT

28

——1886年10月28日，法國為了紀念《美國獨立宣言》所製作的自由女神像在紐約港宣告落成

自由女神像象徵自由與反抗暴政，是法國贈送給美國獨立一百周年的禮物。銅像內部的鋼鐵支架由建築師維雷勃．杜克和建造巴黎埃菲爾鐵塔聞名於世界的法國工程師居斯塔夫．埃菲爾設計製作。整座銅像以一百二十噸的鋼鐵為骨架，八十噸銅片為外皮，以三十萬隻鉚釘裝配固定在支架上。女神像體內的螺旋形階梯使遊客能登上它的頭部，相當於攀登一棟十二層高的樓房。

女神像的基座上，鐫刻著美國女詩人艾瑪娜・莎羅琪一首膾炙人口的十四行詩《新巨人》：「讓那些因為渴望呼吸到自由空氣，而歷經長途跋涉業已疲憊不堪，身無分文的人們，相互依偎著投入我的懷抱吧！我站在金門口，高舉自由的燈火。」

這首詩總讓我想起《海上鋼琴師》著名的經典鏡頭——在海上航行多日的巨輪靠近紐約港時，第一個看見自由女神像的幸運兒會高呼「America！」那時，America不是國家名稱，而是代表「希望」。

OCT

29

獨立自主的女人能不能辭職在家帶孩子？獨立自主的女人不需要靠工作家庭兩者兼任來證明自己，只需要對自己的選擇負責就好。無論妳的決定是什麼，盡力把它做好，才是最重要的。

30

OCT

讓自己開心，讓身邊的人放心。讓自己舒服，也讓身邊的人舒服。無論什麼情況下，都能把日子過好，才是我們之所以獨立並自主的最終目的。

OCT

31

——萬聖夜

世界上所有透過解救對方而成全的愛情，最後的結局都是作者不忍心告訴你真相，才用「從此過著幸福美滿的生活」來收場。

November

十一月

花痴

該怎麼說這件事呢？其實是挺實際的一件事，但接下來要陳述的卻又有點那麼難為情，也就是說，女人大多還是經不起撩的，一撩，就容易犯花痴。

很多女孩都遇過這種情況：之前在 LINE 聊得好好的男生為何突然就不太理我了？不是喜歡我嗎？怎麼就冷淡了呢？於是，女孩禁不起猜測與等待，就跟對方攤牌。而這樣的攤牌往往會造成兩種結果：一種是男孩答應交往了，但一陣子過後又覺得兩個人不合適，分手了；另一種就是發現其實對方不過覺得「不就是聊聊天」嗎？

女人，太容易單方面覺得男人對自己有意思了，只要幾句話，或幾個小動作就可以在內心鋪陳出一齣大戲，也可能取決於男女對於曖昧、對於主被動的定義不同。女人總覺得男人要是主動接近自己，可能就是對自己有意思了吧？因為自己是不會對沒好感的人這麼做的。只要男方長相不討厭，再加上幾句關心的話，幾個體貼的動作，很容易讓女人單方面認定「這個男的愛上我了」。於是，她們會開始交換帳號，分享生活見聞與心情。女人更會在每天睡前翻閱整個對話串，找出那個最曖昧的語氣，讓自己甜在心裡，然後不斷腦補：「他怎麼還不告白呢？」

他怎麼還不告白呢？因為他本來就沒有這個打算。有些男生就是喜歡處處留情、打打嘴砲，也因此，身為女人就更加需要懂得拆解所謂曖昧的語言、動作，識別這些情況只是逢場作戲，沒有其他更多「喜歡」的成分了。

仔細觀察一下身邊的女人，能三言兩語就被撩到的，多半是覺得自己不好撩的，或是對戀愛充滿憧憬的，反而那些多數人眼中的「綠茶婊」，外在表現出來的感覺好像很容易被撩，其實人家回過頭就把那些話拋諸腦後了，但前二者卻不同，她們會擱在心裡反覆思量：「他這句話是什麼意思啊？」

在此，不是慫恿大家都成為綠茶，但學會一點綠茶逢場作戲的態度可以讓自己免於不必要的挑逗。因為真正的喜歡與愛意，不管男女，應該都是堅定的，男生絕對會給出明確的「我喜歡妳，做我女朋友吧」。如果他沒有動靜，原因只會有一個——他對妳沒有那個意思。

有一些話確實是很抓女人心思的，比如「妳是第一個祝我生日快樂的」、「沒想到妳也喜歡這部電影」、「從來沒有人跟妳一樣」……凡是能製造出「特殊、唯一」這種感覺的話，幾乎都會讓女人浮想連翩。這些話是假話嗎？在有心人有意為之時可能是假話，但更多時候，也許真的只是單純陳述一件事實而已。說者無心，聽者有意，才是這層誤會最大的主因。

也許，當女人對愛情多一點狡猾的壞心思時，就不會再上曖昧的當了。但又同時覺得，女人往往會操作不當，過與不及都會親手埋葬了對愛情的那一點純粹。純粹還是很可貴的，那是一束光，可以溫暖我們未來即將因情感而千瘡百孔的心。

《第一爐香》中，葛薇龍一開始對唱詩班的盧兆麟有好感，但兩人也僅僅是見過幾次面而已。不過，渴望真愛的少女葛薇龍早就對他有著超越普通朋友的情感投射了。在宴會上，原文這麼寫：「盧兆麟卻泰然地四下裡看人，他看誰，薇龍也跟著看誰。其中唯有一人，他眼光灼灼地看了半響，薇龍心裡便像汽水加了檸檬汁，咕嘟咕嘟冒酸泡兒。」

八字都還沒有一撇，葛薇龍就醋意加妒意，這樣的反應全讓梁太太看在眼裡，於是她後來對葛薇龍說：「妳脾氣又大，又沒決斷，一上來就卑微地動真感情！」張愛玲用字犀利準確，卑微兩字其實就是女人犯花痴時的心理狀態。

情海沉浮，所有人都怕錯付真心。而我始終這樣提醒自己：沒搞清楚狀況，一上來就動真格，確實十有八九會是錯付。曖昧期把自己當女友，戀愛時把自己當老婆，都是對這段關係的揠苗助長。

從來沒有一部戲教女人怎麼經得起撩，因為男女主角不是不打不相識，就是一見鍾情、命中註定。但這幾種情況在現實生活中實在是太少了，演出來也幾乎沒有任何參考價值。在聊天、交友平台爆炸的時代中，經得起撩是多麼實用的技能啊，卻沒有人告訴我們需要搭配怎麼樣的心理素質，才能不患得患失，並懂得辨識真心。

但，哪怕用的是花痴兩個字，在面對遭受過情感詐騙的人時，我還是無法嘲笑或看輕他們。因為這不正代表他們對愛情帶有純粹嗎？只是被人利用罷了。那些人之所以被控制或洗腦，並不是因為他們傻，恰恰是他們有著人類性格裡最良善的品質。

NOV

1

——商人節

百分百有勝算的工作，是最安全最沒有發展性的工作；百分百有勝算的人，往往最食之無味。

NOV

2

在這個男人只要事業成功就可以回家躺平的年代，唯有做一位出色的職業婦女，才能改變這個常態。

3 NOV

—— 1949年11月3日，《VOGUE》雜誌美國版總編輯安娜・溫圖（Anna Wintour）出生於倫敦

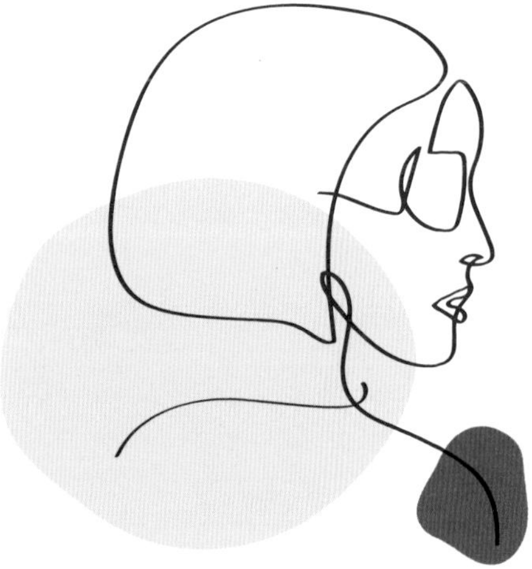

很多人不理解安娜・溫圖為何可以掌管時尚界的半壁江山，覺得她俗氣又跋扈，但我始終覺得她是一流的人才，把現實主義中的一切承擔起來，讓身邊有創造力的人（設計師、編輯等理想主義者）得以有舞台施展。

什麼都不談，光說約翰・加利亞諾（John Galliano）在2011年陷入種族歧視事件被DIOR開除之後，是她伸出援手引薦，讓這位才華洋溢卻犯下大錯的設計師有一次重新改過機會。若非真的惜才，在大家避之惟恐不及，想與之劃清界線之際，實在不需要淌渾水。

這位大學沒有畢業、十六歲就輟學工作的女人，向世人展現的豈止是她的成功之道，還有她熱愛時尚的決心與果敢。

NOV

4

有些人決定一個人的理由是因為害怕去愛，有些人即使現在一個人，遇見愛時也能夠好好去愛。我們應該相信愛情，但也同時做好了一個人一輩子的準備。

5 NOV

鑽石不是代表愛情的，是商人讓我們以為它是。愛情不是能永恆的，是我們以為它可以。

NOV

6

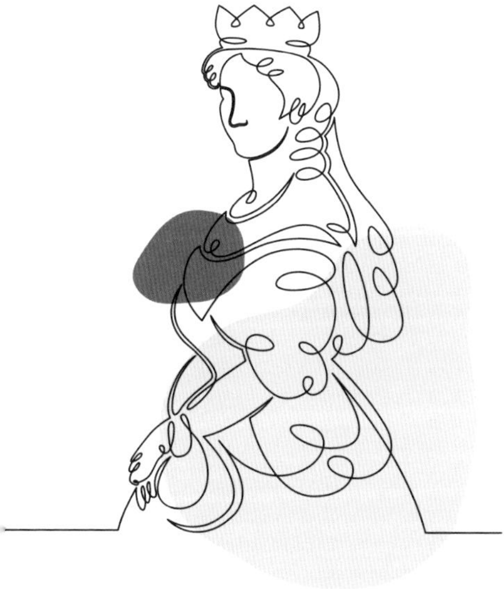

——1796年11月6日，
俄國女皇凱薩琳二世
(Catherine the Great)
逝世，享年73歲

在中國的世界，我們說到女皇帝會想到武則天，在西方世界，他們認定的女帝則是俄國的凱薩琳大帝，或稱葉卡捷琳娜大帝。

推翻自己的丈夫，登上皇位。難以想像當初的她是從德國遠嫁俄羅斯的小媳婦。在她的執政生涯裡，俄羅斯的農工業生產突飛猛進，文化教育更是火熱發展，她更與伏爾泰等啟蒙運動思想家建立了良好的友誼，將俄羅斯打造成了強國。

她說：「假如我能夠活到兩百歲，全歐洲都將匍匐在我腳下。」而我想這句話可能不是在開玩笑，給她時間，她或許真的可以辦到。

7 NOV

—— 1867年11月7日，瑪麗．居禮（Marie Curie）出生於波蘭華沙

一個人要獲得兩次諾貝爾獎是很難的，如果要在不同學術領域上連續獲獎，更是難上加難。但有一個人辦到了，居禮夫人。

來自清貧的家庭，卻將自己的諾貝爾獎金進行大量的捐贈，研究結果也貢獻給社會，她是愛因斯坦口中「唯一沒有被聲名所寵壞的人」。她對女性的影響也是巨大的，讓後來的人看到一個女性在所熱愛的事業中展現的光芒。

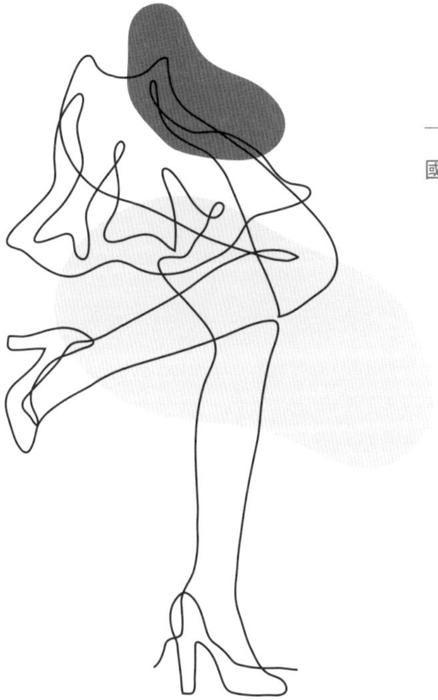

——1903年11月7日，中國一代名媛陸小曼出生

社交名媛四個字是為陸小曼而生的，胡適甚至說她是「北京城一道不可不看的風景」。徐志摩死後，陸小曼將過去披掛在身上的繁華卸下，開始重拾畫筆，戒掉鴉片，走上一條自我救贖的路。

陸小曼讓我明白，人可以揮霍自身天生優越的條件，但最終仍舊需要面對本心，與自我和解。

8

NOV

經濟獨立遠遠不如口號喊出來那麼光鮮亮麗。任何一個關於女性獨立的詞彙，只要帶入生活裡，都是尖銳、艱辛與驚險的。所以，才這麼難。

NOV

9

自由往往是自由心證。一個自己賺錢養自己的女人，遇到愛情遇到婚姻的難處時，往往也有動彈不得之處。自由是種心態，妳覺得妳有就有，沒有就是沒有。

10 NOV

經濟獨立不是為了將來離開男人做準備，恰如，女性主義從來就不是為了扳倒男人。

NOV

11

送命題猶如女人的心頭肉，卻是男人手指上的一根倒刺。越想拔掉它，越是弄得自己血流不止

12 NOV

——醫師節

只有女人會以為勢均力敵的關係是理想型。但男人為了跟妳平起平坐，需要耗費一些努力充實自己，久了他心累啊。養一隻金絲雀在旁邊逗逗娛樂生活，怎麼也比天天面對勢均力敵的靈魂相抗衡來得好相處多了。

NOV

13

——2010年11月13日，
緬甸政治家翁山蘇姬終於
脫離軟禁被釋放

緬甸的政治轉型因翁山蘇姬在1991年獲得諾貝爾和平獎而廣為人知，而2021年初，翁山蘇姬遭到軍政府拘禁，又再度讓全世界關注起緬甸錯綜複雜的政治局勢來。可以說，翁山蘇姬這輩子，一直都反反覆覆遭受到緬甸軍政府的囚禁，哪怕她是這個國家的最高領導人。

翁山蘇姬在1988年親手建立了全國民主聯盟，希望以一己之力讓整個緬甸上下團結一心，結束軍閥混戰，從而建立一個全新的緬甸。這最終是不是一場幻想？目前無從得知，但翁山蘇姬一直致力於保護人民和平自由的初衷，始終沒有改變。

14 NOV

暗戀不會有結果的呀。一開始還充滿期待，後來漸漸體會到，從頭至尾，這也許都是一齣自己內心的小劇場罷了。

NOV

15

用年齡來判斷一個人的成熟度絕對是這世上最大的誤會。在我身邊，很多成年人即便四十歲了，也是只長皺紋，不長智慧的。

16 NOV

——國際寬容日

讓人變老的不是年齡，是事件。永遠順風順水，便體會不到什麼叫一夜長大或一夜白頭。

NOV

17

男人與女人對於物質有不同的詮釋。物質是女人用來代表自己面對生活的態度，而男人，他們往往透過物質來代表對妳「在乎」的程度。

18 NOV

—— 1939年11月18日，《使女故事》原作者瑪格麗特．愛特伍（Margaret Atwood）出生於加拿大

不只是作家，愛特伍更是國際女權運動在文學界的重要人物。她在作品中以細膩的筆觸與獨特的視角揭示現代社會中女性所面臨的各種問題，特別是在男性支配的社會中女性的失落感和對環境、語言的陌生感。

她的反烏托邦小說《使女故事》被改編成美劇，雖是未來小說，卻非常有現代既視感。《使女故事》中沒有鬼，沒有妖怪，但對女性來說卻是最恐怖的一個故事。未來世界裡有一個叫做基列共和國的國家，男性主教大人擁有著絕對的權力，而女性則完全淪為男性的附屬品。除了主教的妻子以外，健康的女性全部被集中並接受所謂的感化教育成為侍女，然後被分配到各個主教家中完成她們的職責—生育。女性淪為行動子宮。這當中還有很多類似「寓言」的描述，女人徹底淪為工具。

愛特伍說：「這不是科幻小說，我寫的一切都有可能在未來的某一天變成事實。」

如今，八十幾歲的愛特伍依然活躍於文壇，幾乎拿遍所有獎項的她，唯獨在諾貝爾文學獎陪跑多年。但她已經不在乎了，只說：「早就習慣了，對我來說根本不算個事兒」。

19 NOV

── 1995年11月19日，
伊朗總檢察長宣布，伊朗
法庭將批准遭受虐待的伊
朗婦女提出的離婚要求

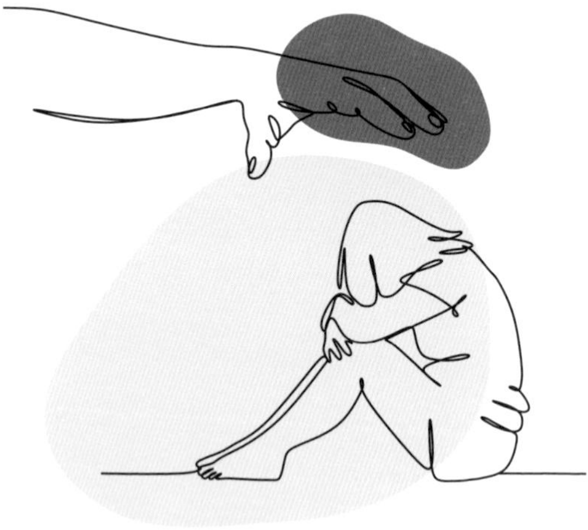

此項法案的通過，正意味著在1995年之前，伊朗的已婚婦女是沒有資格提出離婚的，哪怕她們被家暴。

因為宗教的緣故，中東有些國家是保守而封建的，隔著文化差異這層肚皮，實在也無法將女性意識抬頭的觀念強行用來評斷。而每個國家的文化當中，都多多少少有著男權遺毒，不是嗎？

NOV

20

女人，自己的一生都還沒理清楚，就不要靠別人的悲歡離合度日。關於朋友的戀情，永遠站在傾聽者的角度就好，不要指點。

21 NOV

沒有人會費心研究另一個人口中的「我很好」究竟隱藏什麼深意，如同我們只在意自己的孤獨。

NOV

22

確實該怪當時年紀小，以為愛可以戰勝一切，最後發現，成長是自己的事。戀愛中的兩個人不是腳步一前一後，就是雙雙跑出了界，從此分道揚鑣。「一起成長」是每對戀人最初的癡心妄想，是胸口的硃砂痣，是頂上的白月光。

23

NOV

「比你有錢的人比你努力」並不可怕，可怕的是沒有完全明白這些差距，從而做出更適合自己的選擇，心平氣和地接受。

NOV

24

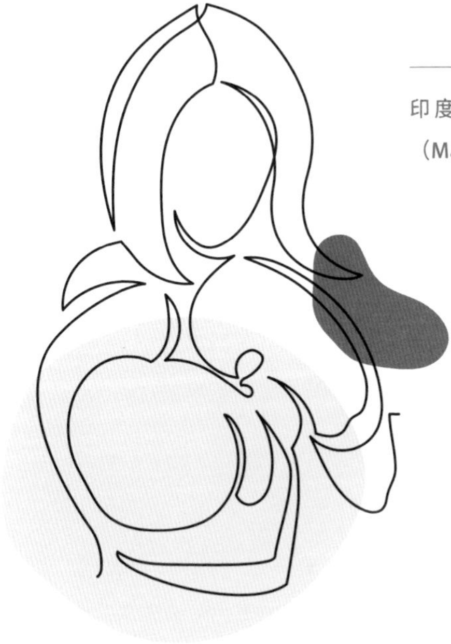

——1982年11月24日，印度女拳王瑪莉・科姆（Mary Kom）出生

——當時我就想，總有一天，我會證明給你們看的。想要成功，你必須要有一顆強大的心。

——我不認為我的生活有影片裡描述的那麼有趣，我只是希望這部電影能激勵年輕人參與運動，改變自己的命運，不僅僅是拳擊，任何運動都有可能。

——時代不同了，如果一個女性能自食其力，有穩定的收入，那她就能有一個好的丈夫和家庭。

——最早時，拳擊是我改變命運的機會。但現在，我熱愛這項運動。

以上，是印度女拳王瑪莉．科姆接受採訪時所說過的話，也代表某些想改變自身命運，衝破侷限的女性們的心聲。有一份理想、工作，並為之奮鬥的人生值得自己去爭取，這麼做會讓你更熱愛生命。

NOV

25

投資自己永遠指的是智慧與能力，
而一個名牌包終究會過季。

26 NOV

一個人如果太執著表達與眾不同的觀點，
實際上亦是不自信的一種表現。

NOV

27

你腦中充斥著很多未來想做的事情，卻沒有將注意力集中在一件你現在就能做的事情。這就是本末倒置。

28 NOV

許多女孩對獨立有一知半解的情懷，對愛情有過多的幻想，對努力有太多的口號，最後活成連自己都不愛自己的那種人。

NOV

29

追求真愛與獨立自主並不相衝突，衝突的是，當妳追求的真愛與所有人的期望違背時，有沒有勇氣一意孤行，並在發現錯誤時為自己的選擇買單，即時停損。

30

NOV

默許妳可以不用如此奮發向上的誘惑，背地裡都明碼標價著。

December

十二月

夢想

年底，是一個適合回顧與展望的時刻。很多人會在這個時候做工作的規劃與人生的檢討，並看看這一年裡自己完成了多少事？又延宕了多少事？

這幾年，我接受了很多訪問，有些問題會一直重複被問到，比如，職業生涯。我的履歷其實在我自己看來挺普通的。念企管，跑去做平面視覺設計，待過一家知名百貨、一家雜誌社、三間電視台。三十歲轉職做化妝造型，賺進第一桶金後，結婚去北京從零開始，從幕後化妝師變成藝人造型師，然後四十歲再次轉職，成為一名作家與KOL。然後，我的外表看起來不像這個年紀該有的樣子，所以讓很多女孩很羨慕，紛紛以我為目標。

有一回，記者問我：「以你過來人的經驗，給有夢想的讀者朋友們打打氣吧。」

這個問題我回答得略微心虛，因為在我的認知中，自己只是將當時最感興趣的事情變成工作，然後不停地為它傾注熱情罷了。能做自己最感興趣的事並把它變成工作，就是我「最想」做的。我的夢想，大概就是如此吧。

如果這就是我的夢想，那麼，在實現夢想的過程中，我抱持著什麼樣的態度來實踐，或許比起夢想本身更值得分享。

求知若渴，大智若愚。Stay hungry. Stay Foolish.

這是賈柏斯在2005年於美國史丹佛大學(Stanford University)畢業典禮給莘莘學子下的結語。他的人生中有好多場不容錯過的著名演講，目前在網路上都可以搜尋到。不管有沒有夢想，我都想推薦給你。

其中有一個訪談的母帶，是賈柏斯去世後才被當時錄製的導演公布的。這個影片中不僅展現了賈柏斯的自負也展現了他對創意的思維邏輯。當他說「頂級人才的自尊心不需要你呵護」的同時，也點出了一個觀點：

「離開蘋果後，對蘋果最具傷害的事是，蘋果前CEO史考利犯了一個嚴重的錯誤，認為只要有很棒的想法，事情就做到了九成。問題是，一個好想法變成好產品，需要大量的加工，當你不斷改善原來那個『很棒的想法』時，概念還會不斷成長與改變，通常和你開始想的不一樣。因為你越深入細節，你學到的越多。設計一個產品，你腦海中可能記住超過五千個問題，組合它們，讓這些在一個全新的模式下共同運行，達到你的想法，將一切融會貫通，這才是所謂的流程。」

我個人覺得這就是對「實踐夢想的過程與態度」最好的註解。

夢想就像一個創意，一個很棒的想法，但當有這個想法時，你要幫你的創意與夢想加工才行。過程中，你的想法會不斷遭受到現實的反擊，你會遭遇前所未有的挫折與考驗，所以你需要應變以及學習。然後，將一切融會貫通，以達到你想要的目標，完成你的想法，也就是實現夢想。

然後完成了，就去找下一個挑戰。絕對不要一直待在你熟悉的領域。在你擅長的領域中一定有其他相關的你並沒有那麼擅長卻一樣感興趣的項目，那就是下一個要征服的目標。

有一個讀者問我：「服裝設計、時尚、保養、美妝，我該選哪一行？我對這些都很有興趣。」這些看起來好像相關領域卻又不是完全同行的工作，如果你真的都想涉獵，請開始先征服第一個吧。你沒有真正去碰觸，卻花很多時間衡量利弊是不會有結果的，你起碼要給自己一個落實的機會。

現在，還有人談夢想嗎？即使你有，你也不太敢表示吧？夢想，是從什麼時候開始變成一個貶義詞的？我覺得，也許是從我們開始向現實妥協，並放棄它的時候吧。即使自認為有完成夢想，卻也不得不說這個過程確實是煎熬的。尤其是三十歲以後，當你有一個待遇、福利皆不錯的工作時，所有人都不會支持你轉職去追求其他夢想。你會聽到很多反對的耳語，漸漸掩蓋掉你心裡的聲音。

那天，我和朋友聊天。她問我：「為什麼現代人對成功學的需求那麼大啊？」我說：「也許是因為大家都想把翻過千山萬水才能到達的目標，壓縮成一條捷徑吧。可是去過祕境的人都知道，尋訪祕境的過程中從來就沒有一條容易走的路。它可能有很多條路可以到達，但每一條路都有它代表的難度。」

可是，每一個去過祕境的人也都知道，那是一個多美的地方。

1 DEC

──1955年12月1日，美國民權運動人士羅莎．帕克斯（Rosa Parks）因拒絕讓座給白人而遭逮捕

當時四十二歲的羅莎．帕克斯在蒙哥馬利一輛公共汽車上就座時，一名白人男子走過來，要求她讓座。那時，種族隔離依然盛行於美國南方，法律明確規定黑人與白人在公車、餐館等公共場所內需分隔，且黑人必須給白人讓座。但帕克斯拒絕了白人男子的要求，她隨即被逮捕了。

在判決的當日，許多黑人挺身而出，以罷乘的方式抗議這個法律。其中有一名牧師是當中的指揮官，他就是後來的一代民權運動領袖馬丁．路德．金。

最終，美國最高法院於1956年宣布：禁止公車上的黑白隔離，這場震撼全國的抵制運動獲得了勝利，而帕克斯也從此被尊為美國「民權運動之母」。之後，她一直致力為全國有色人種發展聯合會工作，並參與了各種民權活動。

這位拒絕讓座給白人的黑人女子，她的事件也許有點偶然，但也告訴我們，一個人堅持一個舉動或一件事都可能感染其他人，讓這世界變得更好。

2

DEC

這一生會走很多路，會有很多時候在路口茫然不知所措。孤不孤獨端看人的內心是否豐富，有的人即使身邊有人陪著走，依然感到寂寞；有的人即使一個人走，也不覺得孤單。

DEC

3

敏感的人會比他人更早體會孤獨，那是你的幸運。

4

DEC

所有女人都知道要裝，但唯有「裝嫩」這件事是有極限的。

DEC

5

「為何如此拚命工作？」「因為我通過自己的努力，愛上了工作。」經歷過工作中的痛苦掙扎，而後涅槃重生的人才能頓悟這段話，看懂了，也就踏實了。

6

DEC

成長就是，不再把喜歡和討厭，當作判斷和選擇的唯一標準。

DEC

7

在外人眼中，以為中年人的世故是成熟，但只有中年人自己心知肚明，那叫做「妥協」。

8 DEC

——1997年12月8日，
珍妮佛・瑪麗・希普利
（Jennifer Mary Shipley）
出任紐西蘭首位女總理

在2020年10月，四十歲的潔辛達・阿爾登（Jacinda Ardern）以壓倒性優勢贏得連任，成為紐西蘭第三位女總理。

這世界有越來越多的女政要讓我們發現，政治這條路，並非男人的特長。女性開始投入政治圈，並展現其個人的奮鬥歷程，都讓越來越多的女性勇於跨入政壇。

許多女政客並不回避自身性別帶來的限制，反而發揚性別優勢的態度，或許能夠給更多的職業女性，帶來一些啟發。

DEC

9

很多人誤會了「知道自己想要什麼」，以為需要特別堅定的決心，特別清晰的目標。但經驗告訴我，這件事需要經歷過一些挫敗、失去、錯過，它們像篩子一樣過濾雜質。唯有如此，你心中真正想要的才會浮現。

10 DEC

——1909年12月10日，《騎鵝歷險記》的瑞典作家塞爾瑪·拉格洛夫（Selma Lagerlöf）成為首位獲得諾貝爾文學獎的女作家

塞爾瑪·拉格洛夫獲得諾貝爾獎的理由是：因為她作品中所體現的崇高理想主義、生動的想像力和精神感知力。

1904年夏天，拉格洛夫開始爬山涉水到瑞典全國各地考察，為了寫一本關於瑞典的、適合孩子們在學校閱讀的書，一本富有教益、嚴肅認真和沒有一句假話的書。之後，她完成了《騎鵝歷險記》。這部童話巨著使她成為世界的文豪，並與丹麥童話作家安徒生齊名。

1940年左右，這位女作家還以她個人的影響力，通過瑞典皇室，向德國納粹政權交涉，從集中營裡救出了猶太女作家，也就是1966年獲得諾貝爾文學獎的奈莉·薩克斯以及她的母親。

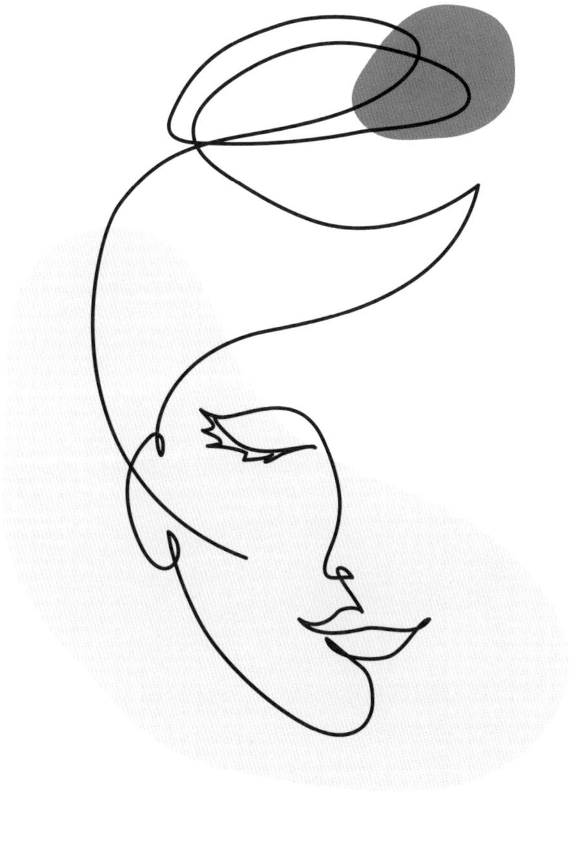

這位在瑞典享有崇高地位和聲譽的女作家一生沒有結婚，把畢生精力獻給了文學事業。像她這樣的女性總是默默激勵著我，讓我明白，女人的一生並非只有結婚生子一條路可走，或者，才配稱圓滿。

11

DEC

可以讓你想去就去，不想去就不用勉強去的朋友圈，是真正值得深交的。花心思去培養細水長流的交情，有幾個可以在困難時相互借點錢給彼此的朋友，那才是一生的寶藏。

DEC

12

真正解救自己於水火，並得到成長，都是我們親手將那些負能量變成正能量之後。

13 DEC

那些安靜的努力雖然平淡，卻是獲取幸福最可靠的方式。

DEC

14

很多事很多物都是可以進行偽裝的，唯有在生活的地方，才反應出你是什麼樣的人。

15 DEC

—— 1939年12月15日，電影《亂世佳人》（Gone with the Wind）在亞特蘭大舉行首映

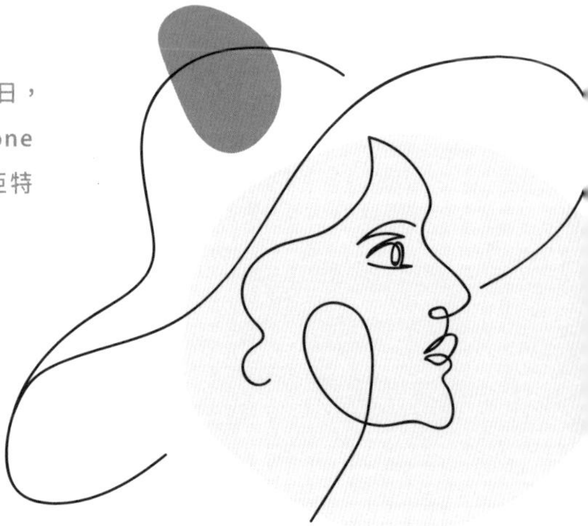

亂世，只是背景，這部電影刻化的其實是一個女性的成長故事。而一位女演員因為一個適合的角色，自此封神，恐怕先例就是費雯・麗（Vivien Leigh）之於郝思嘉（Scarlett O'Hara）。

郝思嘉不是完美的女人，她甚至有許多顯而易見的缺點，但看過這部電影的人都無法忽視她身上頑強的生命力，是一個只要找到支點，就能再次站起來的人。

哪怕時間過去這麼久，你也很難找出一個時代敢如此描寫女性，不歌頌她的偉大，只是單純著眼於她的人生，不管好的還是壞的。

DEC

16

——1775年12月16日，英國作家珍・奧斯汀（Jane Austen）出生於英國漢普郡

珍・奧斯汀在世時只是一名普通的女子，性格挑剔衝動，會感傷過往，也會在別人獲得幸福時借自己的筆諷刺幾句。但在命運面前，她那顆倔強的心卻從未改變過。儘管那個時代的女子不容許擁有職業，但她卻以實現個人價值的方式，彌補了婚姻缺失的遺憾。用一種她自己認可的方式超越時代的侷限。

我常想，這就是人格中最光輝的部分，而一個人只要充分理解了自己，也就能對抗這世界所有反對的聲音。

隨著我更廣泛地接觸女性主義，並觀察存在於當今社會中很多的現實情況後，就越來越覺得珍・奧斯汀的小說有她超越時代的先進思想。她一直都是立足於理性與感性的，就像自己筆下的女主角一樣，都難得地兼具前衛與保守。

17 DEC

我始終認為，最深的愛就是陪伴。懂得品味瑣碎家庭生活的人，肯定有一顆炙熱的心。

DEC

18

誰不是從蜜裡調油的愛情走入婚姻，然後過成水一般的日子。

19 DEC

大多數成年人的崩潰，往往來自於生活。一句「我沒事」，是克制，是隱忍，卻可能因為一碗熱湯就紅了眼眶。

DEC

20

我第一次意識到自己是個獨立的女孩，是有一天發現，無論身在什麼地方，一個人還是兩個人，我都有能力生活下去並且盡可能地讓自己過得好。

21 DEC

過於敏感有時像情感上的凌遲，傷的不只是自己。

DEC 22

——2016年12月22日，義大利《VOGUE》主編弗蘭卡・索薩妮（Franca Sozzani）因病逝世於義大利米蘭

時尚界說她就像「一隻包裹在天鵝絨手套裡的鐵拳」，在弗蘭卡的影響下，義大利版《VOGUE》有著最少的商業化和最大的藝術化。她也是這個時尚界唯一可以跟安娜・溫圖相抗衡的人。

有她在的義大利版《VOGUE》，不教女性穿衣打扮，不兜售所謂上流生活，更不強行灌雞湯，而是站在藝術的基點上，做著時尚這個美夢。

時尚雜誌的總編輯，對女孩來說這是多麼夢幻的職業啊？彷彿坐上這個位置就能擁有這世界上最美好的一切。

23

DEC

「我只取悅自己。」
這句話說起來霸氣，
執行起來卻常常讓人分分鐘想放棄。

DEC

24

過去肆意浪費的青春，往往都是為了更好的中年。

25 DEC

——聖誕節

在這個不斷遇見又不斷再見的人生中，
能一起過節的人都要好好珍惜著。

DEC

26

世間上所有好聽的情話都不是刻意的歌頌，真正落在心裡發芽的，通常都是不知不覺，隨隨便便脫口而出。

27 DEC

—— 建築師節

對一個女人來說，和甜美對應的詞不是清純，和甜美對應的詞是愛情。

DEC

28

仔細觀察身邊那些出色的女人，她們沒有一個會隨便辜負生活，也沒有一個會隨便應付自己。

29

DEC

這世界任何東西，包括人，
錯過了真正在意它的時間點之後，
對你而言都沒意義了。

DEC

30

夜裡想著心事，手機的鬧鐘卻很快就響了；才下幾次雨，夏天竟然結束了；才剛剛反應過來，一年已經快要過去了。

31

DEC

只要今天沒有比昨天更壞，那就是最好的一天。只要今年沒有比去年更糟，那就是最美的一年。

後記

人是很複雜的，女人尤其

夜裡，關燈入睡前，躺在我左側的某人忽然問：「妳有心事會告訴我嗎？」這種剛在一起不久的戀人會發出的疑問，卻被結婚十三年的丈夫問出了口。由於太過突然，一時半會兒我竟沒有反應過來，沉默了大約半分鐘。

我心事很少，我說。這顯然是一句謊言。他接著我的話說，好像是，妳情緒一直都那麼穩定，喜怒哀樂不易察覺。說完，我還想接著他的話說些什麼的時候，他已經睡著了。

近幾年裡，無論是哪裡出產的戲劇都流行一種大女主人設。她們年紀約莫三、四十，在職場行事雷厲風行，在愛情關係理智清明，無論她們是什麼身分，白領也好，職業婦女也罷，全都強悍又犀利。

年輕的女孩子會將自己投射在這些大女主身上，以為只要到了某個年紀，也會強大又優雅，會在某一刻脫胎換骨變成大女人，於是就眼巴巴等著那一天。可是成熟女人的魅力，究竟不是一夜長大，單純的少女如果缺乏生活上的歷練，並拒絕承擔歷練中的痛苦，那她恐怕也只會在未來成為一位老少女，改變的只有容顏，而不是由內而外的一整個的她。

我常想，女人的終極魅力是她們的複雜性。如同某人與我同枕共眠了十三年，他依然要猜我有沒有心事沒有告訴他，他想探究我的內心，挖掘更多的面向。讓人看不清，道不明，一言難盡的女人，是我心中的極品女人。

這種複雜感不是因為她們故弄玄虛顯得神祕，而是在她們身上可以看見很多相互矛盾，但卻又非常統一的特質。每個靈魂豐富的女人，身上一定有她所經歷的一切，她的複雜是多種性格的疊加，而不是單純的某種呆板人設。因此，她可以既軟弱又堅強，既幼稚又成熟，既像女孩，又像女人，哪怕雞皮鶴髮，她也會有低頭時的羞澀，抬頭時的堅毅。

如果男人的一生多數是用成就來定義，那麼女人的一生該用什麼來定義呢？這問題我想了想，沒有答案，也許「無法定義」就是身為女人最特別的地方吧，而我一直都很享受這種無法解釋的感覺。

人啊，是很複雜的，女人尤其。

2021.11.11 凱特王

像我這樣的女人，有時優雅，偶爾帶刺：365日絕世女子時光誌（7-12月）

作　　者—凱特王
主　　編—林巧涵
責任企劃—謝儀方
美術設計—吳佳璘
人物插畫— Debbie
內頁排版—楊雅屏

第五編輯部總監—梁芳春
董 事 長—趙政岷
出 版 者—時報文化出版企業股份有限公司
108019 台北市和平西路三段 240 號 7 樓
發行專線（02）2306-6842
讀者服務專線　0800-231-705、（02）2304-7103
讀者服務傳真（02）2304-6858
郵撥　1934-4724 時報文化出版公司
信箱　10899 臺北華江橋郵局第 99 信箱
時報悅讀網— http://www.readingtimes.com.tw
電子郵件信箱— books@readingtimes.com.tw
法律顧問—理律法律事務所　陳長文律師、李念祖律師
印　　刷—和楹印刷有限公司
初版一刷— 2021 年 12 月 3 日
初版二刷— 2021 年 12 月 7 日
定　　價—新台幣 850 元

ISBN 978-957-13-9643-9 | Printed in Taiwan |

時報文化出版公司成立於一九七五年，並於一九九九年股票上櫃公開發行，
於二〇〇八年脫離中時集團非屬旺中，以「尊重智慧與創意的文化事業」為信念。

像我這樣的女人，有時優雅，偶爾帶刺：365 日絕世女子時光誌 / 凱特王作 . -- 初版 . -- 臺北市
時報文化出版企業股份有限公司，2021.12　ISBN 978-957-13-9643-9(平裝)
1. 自我肯定 2. 女性　177.2　110018030

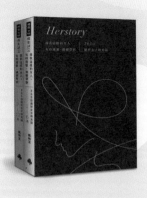

※ 請對摺後直接投入郵筒，請不要使用釘書機。

廣	告	回	信
台北郵局登記證			
台	北	廣	字

第 2218 號

時報文化出版股份有限公司

108019 台北市萬華區和平西路三段 240 號 7 樓

第五編輯部 小時光線 收

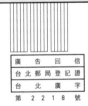

像我這樣的女人，做了自己想做的事，

我灑脫、我勇敢，我承認我的柔弱，也感謝我的堅定，

不被世俗所限、不被命定所困，

我只是有時優雅、偶爾帶刺罷了。

LANCÔME PARIS 蘭蔻超未來肌因賦活露 30ml

全新蘭蔻《超未來肌因賦活露》觸及過往保養品未延伸到的肌膚領域「肌膚微生態」，讓肌膚更透亮、細紋淡化、皺紋改善、肌膚細緻度提升、膚質更平滑、強化肌膚彈性、緊緻度提升；同時，質地輕盈讓精華光速被肌膚吸收，抹上肌膚立即有感絕佳滲透效果，接觸肌膚的下一秒便開始發揮作用，一瓶滿足各種肌膚需求，提升肌膚防禦力、穩定力與修護力！。

（市價 3000 元）

＊請問您在何處購買本書籍？

☐誠品書店　☐金石堂書店　☐博客來網路書店　☐其他網路書店
☐一般傳統書店　☐量販店　☐其他

＊您從何處知道本書籍？

☐一般書店：　☐網路書店：　☐量販店：
☐報紙：　☐廣播：　☐電視：
☐網路媒體活動　☐朋友推薦　☐其他

【讀者資料】（請務必完整填寫，以便通知得獎者）

姓名：＿＿＿＿＿＿＿＿ ☐ 先生　☐ 小姐

聯絡電話：＿＿＿＿＿＿＿＿

收件地址：☐☐☐＿＿＿＿＿＿＿＿

E-mail：＿＿＿＿＿＿＿＿

購買此書的原因：＿＿＿＿＿＿＿＿

＿＿＿＿＿＿＿＿ 以上請務必填寫、字跡工整

注意事項：

★請撕下本回函（正本，不得影印），填寫個人資料（凡憑本回函可無限制投遞）並請黏封好寄回時報文化。

★本公司保有活動辦法變更之權利。

★若有活動相關疑問，請洽時報出版第五編輯部：0223066600#8240 謝小姐